Fleisch
UNSERE BESTEN REZEPTE

Fleisch

UNSERE BESTEN REZEPTE

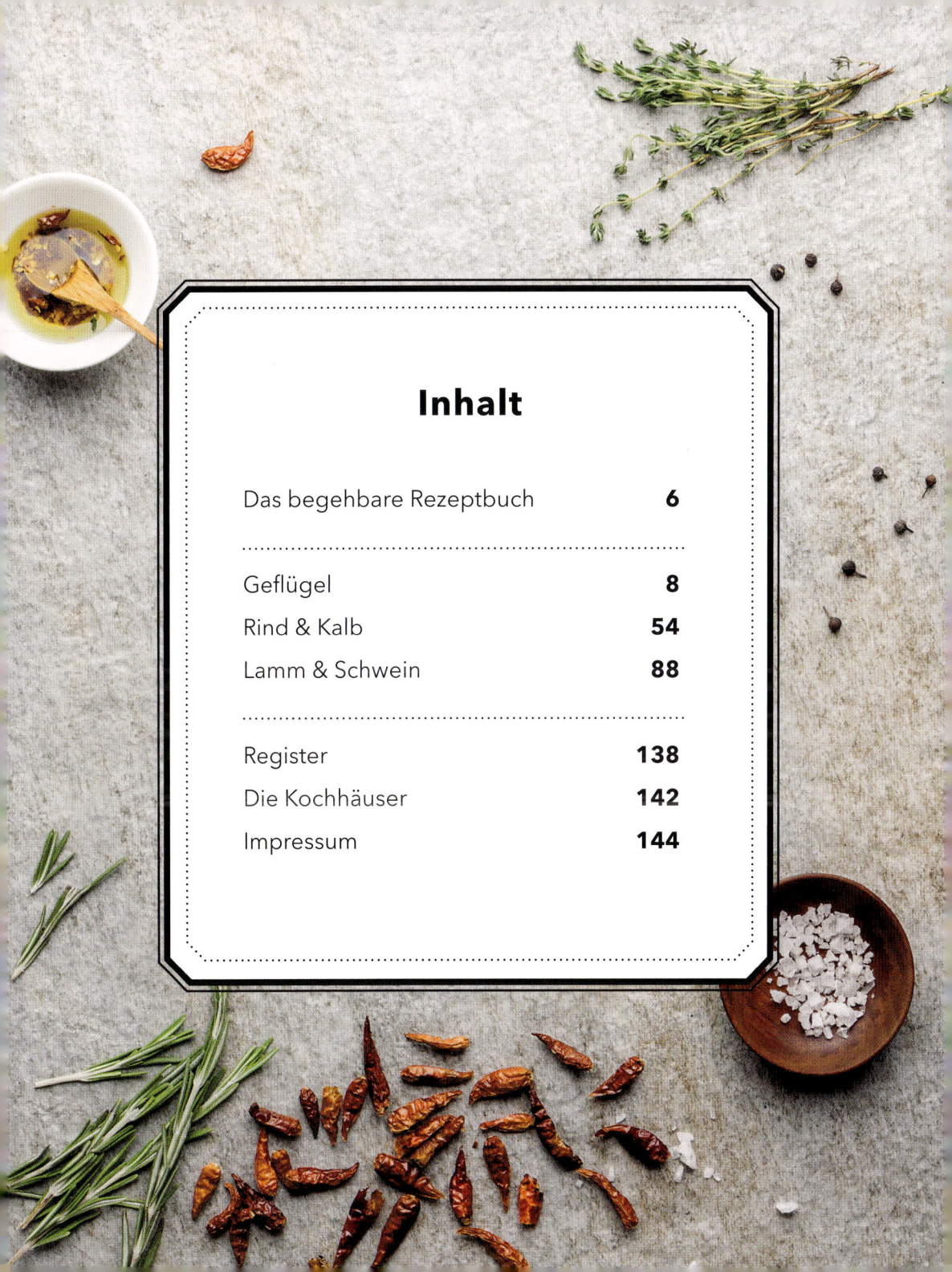

Inhalt

Das begehbare Rezeptbuch   **6**

Geflügel   **8**

Rind & Kalb   **54**

Lamm & Schwein   **88**

Register   **138**

Die Kochhäuser   **142**

Impressum   **144**

Das begehbare Rezeptbuch

Das Kochhaus hat den Einkauf von Lebensmitteln neu erfunden. Das begehbare Rezeptbuch ist nicht wie ein herkömmliches Lebensmittelgeschäft nach Warengruppen, sondern nach Rezepten sortiert und inspiriert zum Selber-Kochen.

An 18 Rezepttischen finden Kochhaus-Kunden alle für das jeweilige Gericht benötigten Zutaten in hoher Qualität und vor allem immer exakt portioniert. Gegliedert nach Vorspeisen, Suppen & Salaten, Pasta & Risotti, Fleisch, Fisch, vegetarischen & veganen Gerichten sowie Nachspeisen gibt es im Kochhaus eine ständig wechselnde Vielfalt an verlockenden Genüssen zu entdecken. Neben den Zutaten

für außergewöhnliche Rezepte findet man in den Kochhäusern hochwertige Feinkostartikel, innovative Kochutensilien und eine Auswahl von aromatischen Weinen.

Nach 20 Uhr verwandeln sich die Geschäfte in kleine Kochschulen: Angehende Hobbyköche können bei Kochkursen zu verschiedenen kulinarischen Themen in entspannter Atmosphäre einen genussvollen Abend verbringen.

Kulinarische Erfolgsgeschichte

Mit dem Kochhaus wurde im Jahr 2010 von Ramin Goo und seinem Team ein viel beachtetes Start-up im Einzelhandel gegründet.

Die Kochhaus-Familie wächst schnell und begrüßt Sie derzeit in Berlin, Hamburg, Frankfurt, Köln, München, Münster und Regensburg (Adressen auf Seite 142). Weitere Standorte sind bereits in Planung.

Mittlerweile liefern die Kochhäuser auch Rezeptzutaten direkt nach Hause in die heimische Küche. Kochfreunde in ganz Deutschland werden einmalig oder wöchentlich im Abo mit schmackhaften Kochhaus-Rezepten beliefert. Und weil Geschmäcker bekanntlich verschieden sind, kann jeder Kochhaus-Abonnent sich seine Rezeptlieferung Woche für Woche individuell aus 18 Rezepten zusammenstellen.

Ein starkes Trio

Für dieses Buch »Fleisch – Unsere besten Rezepte« wurden über 30 Fleisch-Rezepte zu-

sammengestellt, die im Kochhaus auf besondere Begeisterung gestoßen sind.

Ob es mal schneller gehen muss oder ob Sie den ganzen Tag Zeit zum Kochen haben – genießen Sie die vielfältigen Rezepte und lassen Sie sich auf den nächsten Seiten kulinarisch verzaubern. Noch mehr Kochhaus-Rezeptideen finden Sie in den beiden Büchern »Pasta« und »Vegetarisch«, die die Buchreihe mit unseren besten Rezepten komplettieren. Oder in drei weiteren Kochbüchern, die das Kochhaus-Team liebevoll für Sie zusammengestellt hat (Informationen zu Büchern auf Seite 143).

Das Kochbuch wurde von Florian Büttner mit ganzer Leidenschaft konzipiert und gestaltet. Unverzichtbar dabei war die Unterstützung von Martina Lutz, Ana Aguilera, Marlene Schaefermeyer sowie vom gesamten Kochhaus- und DK-Team bei der Realisierung

Geflügel

Orangenhähnchen mit Thymian-Balsamico-Spargel an Pecorino-kartoffelstampf

Da wird das Hähnchen in der Pfanne verrückt: Mit Orange gefüllt nimmt das Hähnchenfleisch ein verführerisches Aroma an, der Spargel wird von einem fruchtig-würzigen Sud bezirzt und die Kartoffeln von Pecorino begleitet.

🕐 Zubereitungszeit: 45 Minuten

Zutaten für 2 Personen:

Basiszutaten: 4 EL Olivenöl, 2 EL dunkler Balsamico-Essig, Salz, Pfeffer, Zucker

1 Bio-Orange

1 Bund Thymian

20g Butter

50g Pecorino

2 Hähnchenbrust-filets à 180g

8 Stangen Spargel

2 Kartoffeln

1
Den Backofen auf 150 °C Umluft bzw. auf 170 °C Ober-/Unterhitze vorheizen. Den Spargel schälen und längs halbieren, die Hälften schräg halbieren. Von der Orange vier sehr dünne Schalenstreifen abziehen, den Saft auspressen.

2
In einem kleinen Topf Wasser aufkochen. Die Kartoffeln schälen und vierteln. Den Pecorino fein reiben. Den Thymian waschen und trocken schütteln. Die Spitzen beiseitelegen und von den Zweigen die Blättchen abzupfen.

3
Die Kartoffeln und 1 EL Salz in einen weiteren Topf geben, mit Wasser bedecken, zum Kochen bringen und bei mittlerer Temperatur 20 Minuten weich garen.

7
In zuvor verwendeter Pfanne die Butter bei mittlerer Temperatur zerlassen und den Spargel darin ca. 3 Minuten anschwitzen. Mit ½ TL Salz und mit Pfeffer nach Belieben würzen.

8
Die Thymianblättchen hinzugeben und mit dem Balsamico-Essig ablöschen. 6 EL Orangensaft hinzugeben und alles kurz aufkochen.

9
Die Hähnchenbrustfilets auf den Spargel legen und in der Pfanne im vorgeheizten Ofen auf der mittleren Schiene 12 Minuten fertig garen. Alternativ dazu den Spargel mit Sud und Hähnchen in eine ofenfeste Form legen.

4
Die Orangenstreifen und 2 EL Zucker in das kochende Wasser im kleinen Topf geben und bei niedriger Temperatur 6 Minuten blanchieren. Anschließend herausnehmen und auf Küchenpapier abtropfen lassen.

5
Die Hähnchenbrustfilets mit 1 TL Salz und Pfeffer nach Belieben rundum würzen. In jedes Filet mit einem scharfen Messer seitlich eine Tasche schneiden und jeweils mit 2 Orangenstreifen füllen.

6
In einer ofenfesten Pfanne 2 EL Olivenöl bei hoher Temperatur erhitzen. Die Hähnchenbrustfilets darin auf jeder Seite 30 Sekunden scharf anbraten. Anschließend aus der Pfanne nehmen und beiseitestellen.

10
Die Kartoffeln abgießen, 2 EL Olivenöl hinzugeben und mit einer Gabel grob zerdrücken. Den Pecorino unterheben und den Kartoffelstampf mit ½ TL Salz und Pfeffer nach Belieben würzen.

11
Spargel und Orangenhähnchen aus dem Ofen nehmen und die gefüllten Filets halbieren.

12
Den Kartoffelstampf mittig auf Teller geben und den Balsamico-Thymian-Spargel darauf anrichten. Je zwei Hälften vom Orangenhähnchen auf den Spargel setzen. Mit Sud beträufeln und mit Thymianspitzen garnieren.

Hähnchenbrust in chinesischer Hoisin-Sauce mit Litschi und Zitronengras-Shiitake-Spieß

Unterwegs in Südostasien: Eine exotische Sauce, mit Litschis verfeinert, umgibt zarte Hähnchenbrust. Damit harmonieren Shiitakepilze und Jasminreis mit frischem Limettenblatt.

🕐 Zubereitungszeit: 35 Minuten

Zutaten für 2 Personen:

Basiszutaten: 3 EL Pflanzenöl, Salz, Pfeffer

1 Knoblauchzehe

70 g Hoisin-Sauce

1 Kaffirlimetten-Blatt

1 Bund Koriander

6 Litschis

1 Stängel Zitronengras

2 Hähnchenbrustfilets à 180 g

10 Shiitakepilze

150 g Jasminreis

1 EL Sojasauce

1
Den Backofen auf 170 °C Umluft bzw. 190 °C Ober-/Unterhitze vorheizen. Die Shiitakepilze putzen und längs halbieren. Das Zitronengras längs halbieren. Die Litschis schälen und halbieren, den Knoblauch schälen und fein hacken.

2
Jeweils 10 Pilzhälften auf die Zitronengrashälften spießen. Den Koriander waschen und trocken schütteln. Die Spitzen für die Dekoration beiseitelegen, die Stiele mit den Blättchen fein hacken.

3
Den Jasminreis mit 250 ml Wasser, dem Kaffirlimetten-Blatt sowie ¼ TL Salz in einen Topf geben. Den Deckel aufsetzen, alles zum Kochen bringen und bei niedriger Temperatur ca. 12 Minuten köcheln.

7
Litschis, Hoisin-Sauce sowie 4 EL Wasser hinzugeben und alles bei mittlerer Temperatur 2 Minuten köcheln.

8
Anschließend den gehackten Koriander unter die Sauce heben.

9
Jasminreis und Hähnchen in Hoisin-Sauce auf Teller geben, die Zitronengras-Shiitake-Spieße darauf anrichten und mit Korianderspitzen dekoriert servieren.

4
Währenddessen die Hähnchen-brustfilets abspülen, trocken tupfen und schräg in ca. 2 cm breite Streifen schneiden. Mit ½ TL Salz und Pfeffer nach Belieben würzen.

5
In einer Pfanne 2 EL Pflanzenöl bei hoher Temperatur erhitzen und die Pilzspieße darin 1 Minute rundum scharf anbraten, mit Sojasauce würzen. Auf einem mit Backpapier belegten Blech im Ofen auf der mittleren Schiene 5 Minuten garen.

6
In die zuvor verwendete Pfanne 1 EL Pflanzenöl und den Knoblauch geben. Die Hähnchen-brustfilets darin bei hoher Temperatur ca. 2 Minuten rundum goldbraun anbraten.

Was für eine praktisch-aromatische Idee: Nussige Shiitakepilze finden Platz auf einem Spieß aus Zitronengras.

Federführend in diesem charakterstarken Gericht ist die Hoisin-Sauce. Aus fermentierten roten Sojabohnen, Knoblauch, Chilischoten und Essig hergestellt, wird sie in der chinesischen Küche traditionell zur Zubereitung einer Peking-Ente verwendet. Auch dem Hähnchen steht sie gut und mit Litschis veredelt erhält die Sauce eine fruchtig-exotische Note. Der Jasminreis wird mit einem Blatt des Kaffirlimetten-Baums verfeinert, das seine zitronige Note einbringt.

Gebratenes Hähnchen in Limetten-Erdnuss-Curry mit Zitronengras und Koriander

Energie pur für kalte Tage: Zartes Hähnchen in einer Sauce aus Erdnussbutter, Kokosmilch, Madras-Curry, Koriander und Zitronengras, sanft begleitet von Jasminreis und garniert mit knackigen Erdnüssen.

🕐 Zubereitungszeit: 35 Minuten

Zutaten für 2 Personen:

Basiszutaten: 4 EL Pflanzenöl, Salz, Pfeffer

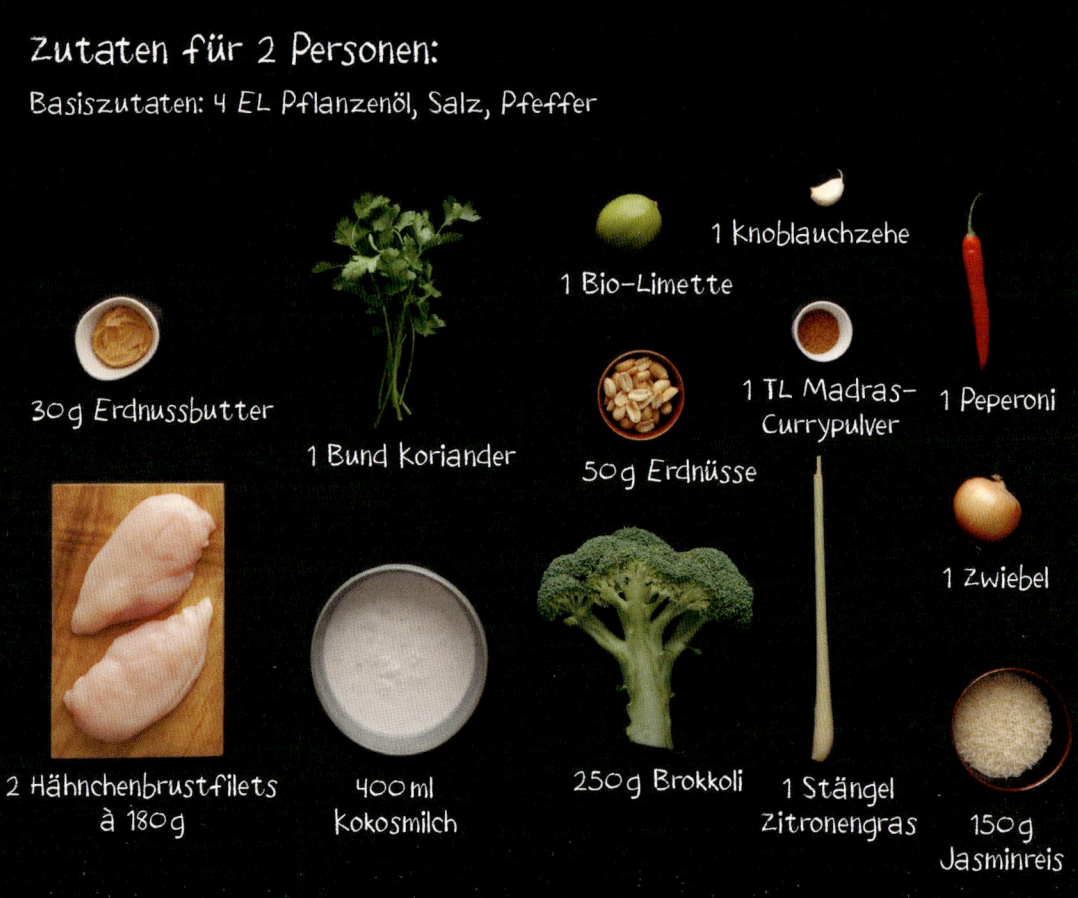

30g Erdnussbutter

1 Bund Koriander

1 Bio-Limette

50g Erdnüsse

1 Knoblauchzehe

1 TL Madras-Currypulver

1 Peperoni

1 Zwiebel

2 Hähnchenbrustfilets à 180g

400 ml Kokosmilch

250g Brokkoli

1 Stängel Zitronengras

150g Jasminreis

1
Mit einem Messer die Brokkoli-
röschen abtrennen und vierteln.
Den Brokkolistängel schälen
und in ca. 1 cm große Würfel
schneiden.

2
Die Peperoni halbieren, Stielansatz und Samen entfernen,
das Fruchtfleisch in feine Streifen schneiden. Zwiebel und
Knoblauch schälen und fein
hacken. Das Zitronengras längs
halbieren.

3
Von der Limette die Schale
abreiben. Die Frucht halbieren,
zwei Scheiben abschneiden
und für die Dekoration beiseitelegen. Die Limettenhälften
auspressen. Die Erdnüsse grob
hacken.

7
In einer Pfanne mit hohem Rand
2 EL Pflanzenöl bei hoher Temperatur erhitzen und die Hähn-
chenscheiben darin portionsweise jeweils ca. 1½ Minuten
goldbraun anbraten. Anschließend aus der Pfanne nehmen.

8
In dieser Pfanne erneut 2 EL
Pflanzenöl erhitzen und Zwiebel,
Knoblauch sowie Peperoni darin
bei hoher Temperatur ½ Minute
anbraten.

9
Kokosmilch, Erdnussbutter,
Madras-Currypulver, Zitronengras, die Hälfte der Erdnüsse
sowie 50 ml Wasser hinzugeben,
alles aufkochen und bei mittlerer
Temperatur 4 Minuten einkochen. Mit 1 TL Salz würzen.

4

In einem Topf Wasser zum Kochen bringen. Den Brokkoli mit 1 EL Salz in das kochende Wasser geben und 1 Minute sprudelnd blanchieren. Anschließend abgießen und abkühlen lassen.

5

Den Jasminreis mit 250 ml Wasser sowie ¼ TL Salz in einen Topf geben. Den Deckel aufsetzen, alles zum Kochen bringen und bei niedriger Temperatur ca. 12 Minuten köcheln.

6

Währenddessen die Hähnchenbrustfilets abspülen, trocken tupfen und schräg in ca. 3 mm dünne Scheiben schneiden. Mit ½ TL Salz sowie mit Pfeffer nach Belieben würzen.

10

Währenddessen den Koriander waschen, trocken schütteln und mit den Stielen fein hacken.

11

Das Zitronengras aus dem Curry nehmen. Brokkoli, Hähnchenfleisch, 2 EL Limettensaft sowie 1 TL Limettenschale hinzugeben und 1 Minute mitkochen.

12

Den Jasminreis auf Teller geben und das Erdnuss-Hähnchen-Curry dazu anrichten. Mit gehacktem Koriander, übrigen Erdnüssen sowie den Limettenscheiben garnieren.

Toskanisches Hähnchen alla cacciatora mit schwarzen Oliven und Tomaten

»Hähnchen nach Jägerart« ist die deutsche Übersetzung dieses Rezepttitels, der für kulinarische Sehnsucht sorgt. Klassisch italienisch und zum Dahinschmelzen zart begegnet uns dieses deftige Hähnchen.

🕐 Zubereitungszeit: 45 Minuten

Zutaten für 2 Personen:

Basiszutaten: 4 *EL* Olivenöl, Salz, Pfeffer

10 schwarze Oliven

1 Bund Salbei

1 Bund Majoran

250 ml Weißwein

2 Zweige Rosmarin

2 Hähnchenkeulen
à 220 g

2 Kartoffeln

1 Zwiebel

8 Kirschtomaten

1
Die Hähnchenkeulen abspülen, trocken tupfen und jeweils mit ½ TL Salz und Pfeffer nach Belieben rundum würzen. In einer Pfanne 2 EL Olivenöl bei hoher Temperatur erhitzen und die Hähnchenkeulen darin 5 Minuten rundum scharf anbraten.

2
Den Weißwein hinzugeben und einen Deckel aufsetzen. Das Fleisch 15 Minuten bei mittlerer Temperatur köcheln. Den Deckel abnehmen und den Weißwein ca. 4 Minuten vollständig einkochen lassen.

3
In einem Topf Wasser für die Kartoffeln zum Kochen bringen. Kartoffeln schälen und in 1 cm große Würfel schneiden. Zwiebel schälen und würfeln. Die Kräuter waschen und trocken schütteln. Die Salbeiblätter von den Stielen zupfen und fein hacken.

7
100 ml Wasser hinzugeben und den Salbei einrühren. Mit 1 TL Salz und Pfeffer nach Belieben würzen. Weitere 4 Minuten dünsten, bis die Flüssigkeit eingekocht ist, die Pfanne vom Herd nehmen und die Gemüsemischung warm halten.

8
Majoran und Rosmarin sowie Oliven zum Hähnchen in die Pfanne geben, 100 ml Wasser angießen und alles 3 Minuten einkochen lassen. Mit ½ TL Salz und Pfeffer nach Belieben würzen.

9
Tomaten und Kartoffeln mittig auf Tellern anrichten, die Hähnchenkeulen daraufsetzen. Mit Oliven-Kräuter-Sud beträufeln und mit Rosmarinspitzen dekorieren.

4

Die Rosmarinspitzen für die Dekoration beiseitelegen. Die Rosmarinnadeln von den Zweigen sowie die Majoranblättchen von den Stielen zupfen und fein hacken. Die Kirschtomaten halbieren und die Oliven in dünne Ringe schneiden.

5

Die Kartoffeln mit 1 TL Salz in das kochende Wasser geben und 3 Minuten kochen.

6

In einer weiteren Pfanne 2 EL Olivenöl bei niedriger Temperatur erhitzen und die Zwiebel darin 3 Minuten glasig werden lassen. Die Kartoffeln abgießen und mit den Kirschtomaten zur Zwiebel geben. Bei hoher Temperatur 2 Minuten anbraten.

Ein Hähnchen geht jagen

Mit Salbei, Majoran und Rosmarin im Gepäck macht sich das zarte Hähnchen auf zu einer deftig-italienischen Genussreise. In seiner Heimat, der wunderschönen Toskana, gehört es zu den wohl bekanntesten und beliebtesten Fleischgerichten. Kräftig geht es zu mit aromatischen schwarzen Oliven, sämigen Kartoffeln und fruchtigen Tomaten. Besonders charakteristisch: die würzige Mischung aus frischen Kräutern. Salbei, Rosmarin und Majoran geben den Ton an. Buon appetito!

In Mandel-Curry-Sauce pochierte Hähnchenbrust mit Vichy–Möhren und Polenta

Es hat gefunkt: Möhren und Polenta haben sich zu einer fantastisch schmeckenden Liaison zusammengefunden, während die zarte Hähnchenbrust in der Mandel-Curry-Sauce schwelgt.

🕐 Zubereitungszeit: 35 Minuten

Zutaten für 2 Personen:

Basiszutaten: 1 EL Olivenöl, Salz, Pfeffer, Zucker

200 g Sahne

1 Knoblauchzehe

1 Brühwürfel

1 TL Madras-Currypulver

1 Schalotte

60 g Polenta

2 Hähnchenbrustfilets à 180 g

3 Möhren

1 Bund glatte Petersilie

50 g gehobelte Mandeln

20 g Butter

1
Die Möhren schälen und schräg in ca. 3 mm dünne Scheiben schneiden. Schalotte und Knoblauch schälen und fein hacken. Die Petersilie waschen und trocken schütteln. Die Petersilienspitzen beiseitelegen, die Petersilienstiele fein hacken.

2
In einem kleinen Topf das Olivenöl bei mittlerer Temperatur erhitzen und Mandeln, Knoblauch sowie Madras-Currypulver darin 1 Minute anrösten.

3
Sahne, 100 ml Wasser sowie ½ Brühwürfel dazugeben, alles aufkochen und mit einem Pürierstab fein pürieren. Mit ½ TL Salz und Pfeffer nach Belieben würzen.

7
Währenddessen in einem Topf 250 ml Wasser mit dem übrigen ½ Brühwürfel aufkochen. Die Polenta in die Brühe einrühren, den Topf vom Herd nehmen. Einen Deckel aufsetzen und die Polenta 10 Minuten quellen lassen.

8
Die gehackte Petersilie unter die Möhren heben. Die Hähnchenbrustfilets aus der Mandel-Curry-Sauce nehmen und schräg halbieren.

9
Die Polenta mittig auf Teller geben. Die Hähnchenbrustfilets und Möhren dazu anrichten und mit Mandel-Curry-Sauce sowie Petersilienspitzen garnieren.

4
Die Hähnchenbrustfilets abspülen, trocken tupfen, in die
kochende Mandel-Curry-Sauce
geben und bei mittlerer Temperatur 18 Minuten pochieren.
Nach der Hälfte der Garzeit
wenden.

5
Währenddessen in einem weiteren Topf die Butter bei mittlerer
Temperatur zerlassen. Möhren
und Schalotte darin 4 Minuten
anbraten, dabei gelegentlich
umrühren. Mit ½ TL Salz, ¼ TL
Zucker und Pfeffer nach Belieben würzen.

6
Zu den Möhren 50 ml Wasser
geben und bei mittlerer Temperatur weitere 10 Minuten
köcheln.

Dank der schonenden und nährstofferhaltenden
Zubereitung entfaltet dieses Quartett all seine
Aromen.

Für die zarte Hähnchenbrust wählen wir ein besonders schonendes Garverfahren:
Wir pochieren sie in einer wunderbar milden Mandel-Curry-Sauce, sodass das Huhn
seine Saftigkeit erhält. Die gehaltvolle Polenta stellt einen idealen Vermittler zwischen
Hähnchenbrust und Möhren dar. Polenta ist in Norditalien so beliebt, dass die Süd-
italiener ihre nördlichen Landsleute gerne wenig schmeichelhaft »polentoni« (Polenta-
fresser) nennen.

Mexikanische Tacos mit Chili-Puten-brust, Granatapfel und Avocadocreme

Mexikanische Lebensfreude auf dem Teller: Fruchtige Granatapfelkerne, feurige Putenbrust und würzige Avocadocreme mit Petersilie und Limette lassen sich von warmen Weizentortillas gekonnt einwickeln.

🕐 Zubereitungszeit: 30 Minuten

Zutaten für 2 Personen:

Basiszutaten: 3 EL Olivenöl, Salz, Pfeffer, Zucker

250 g Putenbrustfilet

6 Tortillas

1 Avocado

1 Bund glatte Petersilie

1 Granatapfel

5 Radieschen

1 Bio-Limette

1 getrocknete Chilischote

1 rote Zwiebel

1

Den Granatapfel halbieren und mit einem Löffel die Kerne herauslösen. Die Zwiebel schälen, halbieren und in feine Streifen schneiden. Die Chilischote fein zerbröseln.

2

Die Radieschen putzen und in feine Scheiben schneiden. Von der Limette die Schale abreiben und den Saft auspressen. Von der Petersilie die Spitzen zur Dekoration beiseitelegen und die Blätter grob hacken.

3

Die Avocado halbieren, vom Stein befreien, das Fruchtfleisch mit einer Gabel zerdrücken. Mit der Hälfte der Petersilie, 1 EL Limettensaft sowie 1 TL Limettenschale gut vermengen. Mit ½ TL Salz und Pfeffer nach Belieben würzen.

7

Währenddessen die Tortillas auf ein mit Backpapier belegtes Blech geben und im vorgeheizten Ofen auf der mittleren Schiene 1 Minute erwärmen.

8

Die Tortillas aus dem Ofen nehmen und jeweils 3 Stück auf einen Teller geben. Mit Avocadocreme bestreichen und den Radieschen-Petersilien-Salat darauf verteilen.

9

Die Chili-Putenbrust und die Granatapfelkerne auf den Tortillas anrichten und mit Petersilienspitzen dekorieren.

4

Den Backofen auf 180 °C Umluft bzw. 200 °C Ober-/Unterhitze vorheizen. Die Radieschen mit der übrigen Petersilie in eine Schale geben und mit 1 EL Limettensaft, 1 EL Olivenöl sowie ¼ TL Zucker vermengen.

5

Das Putenbrustfilet abspülen, trocken tupfen und in ca. 2 cm große Würfel schneiden. Mit ½ TL Salz und Pfeffer nach Belieben würzen.

6

In einer Pfanne 2 EL Olivenöl bei hoher Temperatur erhitzen. Zwiebel und Chilischote darin mit 1 TL Zucker und ½ TL Salz 2 Minuten anbraten. Anschließend die Putenbrustfilets hinzugeben und ca. 3 Minuten goldbraun braten.

Ein Taco besteht aus einer Weizen- oder Mais-Tortilla, die mit vielen Zutaten gefüllt werden kann.

Die von uns verwendeten mexikanischen Tortillas dürfen nicht mit der spanischen Variante, einem Omelett, verwechselt werden. Mexikanische Tortillas werden mit feinen Köstlichkeiten gefüllt, eingerollt und immer aus der Hand gegessen. Alternativ werden Tortillas in Mexiko auch als Beilage zum Essen gereicht. Wir füllen die mexikanische Spezialität mit cremiger Avocado, würziger Putenbrust und verfeinern das Gericht mit fruchtigem Granatapfel und frischer Limette.

Mit Pistazien gefüllte Perlhuhnbrust auf geschmorten Auberginen, Tomaten und Couscous

Ein Genuss wie in 1001 Nacht: Die mit Pistazienbutter gefüllte Perlhuhnbrust erwärmt unser Gemüt, perfekt vollendet wird das Farbenspiel mit Aubergine und Strauchtomaten.

🕐 Zubereitungszeit: 35 Minuten

Zutaten für 2 Personen:

Basiszutaten: 7 EL Olivenöl, 1 EL Weißweinessig, Salz, Pfeffer, Zucker

1 Knoblauchzehe

1 Schalotte

1 Aubergine

2 Strauch-
tomaten

20g Butter

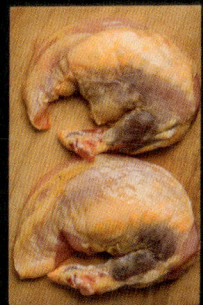
2 Perlhuhn-
brustfilets
à 165g

150g Joghurt

½ TL Ras el-Hanout

100g Couscous

20g
Pistazienkerne

1
Den Backofen auf 160 °C Umluft bzw. 180 °C Ober-/Unterhitze vorheizen. Die Pistazienkerne sehr fein hacken oder in einem Mörser zerkleinern. Knoblauch und Schalotte schälen und fein hacken. Strauchtomaten und Aubergine würfeln.

2
In einer Schüssel die Pistazien mit der Butter zu einer Paste vermengen. Mit ¼ TL Salz und Pfeffer nach Belieben würzen. In einer weiteren Schüssel das Ras el-Hanout mit dem Joghurt vermengen. Mit ¼ TL Salz und Pfeffer nach Belieben würzen.

3
In einer Pfanne 4 EL Olivenöl bei mittlerer Temperatur erhitzen. Auberginenwürfel, Knoblauch und Schalotte darin ca. 17 Minuten goldbraun braten, dabei gelegentlich umrühren.

7
Die Tomatenwürfel zur gebratenen Aubergine in die Pfanne geben, die Temperatur auf hohe Stufe erhöhen und alles 3 Minuten braten. Mit ½ TL Salz und Pfeffer nach Belieben würzen.

8
Die Perlhuhnbrustfilets aus dem Ofen nehmen, 3 Minuten abgedeckt ruhen lassen und anschließend schräg halbieren. Den Couscous mit einer Gabel auflockern und mit 2 EL Olivenöl vermengen.

9
Couscous und gebratenes Gemüse auf Teller geben. Die Perlhuhnbrustfilets dazu anrichten und mit Ras-el-Hanout-Joghurt garnieren.

4

Die Perlhuhnbrustfilets abspülen, trocken tupfen und mit je ¼ TL Salz sowie Pfeffer nach Belieben rundum würzen. Die Perlhuhnhaut mit einem Löffel taschenförmig vom Fleisch lösen und die Taschen mit der Pistazienbutter füllen.

5

In einer weiteren Pfanne 1 EL Olivenöl bei hoher Temperatur erhitzen und die Perlhuhnbrustfilets darin auf der Hautseite 2 Minuten scharf anbraten. Wenden und weitere 2 Minuten braten. Im Ofen auf der mittleren Schiene 12 Minuten garen.

6

In einem Topf 150 ml Wasser mit ½ TL Salz, ½ TL Zucker sowie dem Weißweinessig zum Kochen bringen. Den Topf vom Herd ziehen, den Couscous einrühren und bei aufgesetztem Deckel bis zur weiteren Verwendung quellen lassen.

Wir dürfen vorstellen: Das vornehme Perlhuhn in orientalischer Begleitung von Couscous und Aubergine.

Wer zartestes Fleisch sucht, ist mit Perlhuhnbrust bestens beraten. Das ursprünglich aus Afrika stammende Huhn mit blau-grünem Gefieder ist besonders in der feinen französischen Küche bekannt. Auch bei uns kommt es edel daher: Kurz gebraten, butterweich gefüllt und im Ofen knusprig gebacken. Hierzu servieren wir Couscous mit süß-scharfem Ras-el-Hanout-Joghurt sowie geschmorter Aubergine und Strauchtomaten. Das ist feines Geflügel, wie wir es mögen.

Mit Honig glasierte Entenbrust auf Belugalinsen-Süßkartoffel-Salat

Zarte Ente trifft edle Linse: Thymian, Honig und Salz umgeben die feine Entenbrust, im kleinen Schwarzen kommt die Linse daher und versteht sich bestens mit Süßkartoffel, Apfel und Zuckerschoten.

🕐 Zubereitungszeit: 40 Minuten

Zutaten für 2 Personen:

Basiszutaten: 7 EL Olivenöl, 3 EL Weißweinessig, Salz, Pfeffer, Zucker

1 Apfel

1½ TL Senf

1 Bund Thymian

20 g Honig

1 rote Zwiebel

2 Entenbrust-filets à 170 g

50 g Belugalinsen

1 Süßkartoffel

15 Zuckerschoten

1

Den Backofen auf 160 °C Umluft bzw. 180 °C Ober-/Unterhitze vorheizen. Die Süßkartoffel schälen und in ca. 1 cm große Würfel schneiden. Die Zwiebel schälen und fein hacken, die Zuckerschoten schräg halbieren.

2

In einem kleinen Topf Wasser zum Kochen bringen. Die Belugalinsen mit ½ TL Salz ins kochende Wasser geben und bei mittlerer Temperatur ca. 18 Minuten garen.

3

Den Thymian waschen und trocken schütteln. Einige Zweige für die Dekoration beiseitelegen, von den übrigen Zweigen die Blättchen abzupfen. Den Apfel schälen, vierteln, vom Kerngehäuse befreien und in ca. 1 cm große Würfel schneiden.

7

Die Entenbrustfilets mit der Hautseite nach oben auf ein mit Backpapier belegtes Blech geben. Mit der Honig-Thymian-Glasur bestreichen und im vorgeheizten Ofen auf der mittleren Schiene 8 Minuten garen.

8

Währenddessen Zwiebel, Zuckerschoten und Apfel zu den Süßkartoffeln in der Pfanne geben und alles bei mittlerer Temperatur 5 Minuten weiterbraten. Anschließend die Pfanne vom Herd nehmen.

9

In einer weiteren Schüssel 4 EL Olivenöl, Weißweinessig und Senf zu einer Marinade verrühren. Mit ½ TL Salz, 1 TL Zucker sowie Pfeffer nach Belieben würzen. Die gegarten Linsen abgießen.

4

In einer Pfanne 3 EL Olivenöl bei hoher Temperatur erhitzen und die Süßkartoffelwürfel darin 2 Minuten anbraten. Die Temperatur reduzieren, ca. 15 Minuten weiterbraten, dabei gelegentlich umrühren. Mit ½ TL Salz und Pfeffer nach Belieben würzen.

5

Die Entenbrustfilets abspülen, trocken tupfen und die Haut rautenförmig einritzen, ohne in das Fleisch zu schneiden. Mit je ½ TL Salz und Pfeffer rundum würzen. In einer Schüssel Honig, Thymianblätter sowie ½ TL Salz verrühren und beiseitestellen.

6

Die Entenbrustfilets mit der Hautseite nach unten in eine kalte Pfanne legen, die Pfanne bei hoher Temperatur erhitzen und das Fleisch ca. 4 Minuten kross anbraten. Wenden und ½ Minute weiterbraten.

10

Die Linsen zusammen mit der Marinade in die Pfanne geben und alles gut vermengen.

11

Die Entenbrustfilets aus dem Ofen nehmen und 3 Minuten abgedeckt ruhen lassen. Anschließend schräg in ca. 1 cm dicke Scheiben schneiden.

12

Den Belugalinsen-Süßkartoffel-Salat mittig auf Teller geben, die Entenbrustfilets darauf anrichten und mit den Thymianzweigen dekorieren.

Knusprige Entenbrust mit frischen Cranberrys, Austernseitlingen und violetten Kartoffeln

Achtung, fertig, lecker: Babyspinat, würzige Austernseitlinge und violette Kartoffeln bilden die Gemüsebasis, darauf betten sich die Ente und das Chutney aus frischen Cranberrys, Curry und Chili.

🕐 Zubereitungszeit: 40 Minuten

Zutaten für 2 Personen:

Basiszutaten: 1 EL Olivenöl, Salz, Pfeffer, Zucker

150g Austernseitlinge

3 violette Kartoffeln

1 Bio-Limette

1½ TL Senf

2 Entenbrust-filets à 170g

50g Babyspinat

1 rote Zwiebel

½ TL Madras-Currypulver

1 getrocknete Chilischote

60g frische Cranberrys

1
Den Backofen auf 170 °C Umluft bzw. 190 °C Ober-/Unterhitze vorheizen. Die Kartoffeln ungeschält mit 1 TL Salz in einen Topf geben, mit Wasser bedecken und zum Kochen bringen. Die Kartoffeln bei mittlerer Temperatur 12 Minuten garen.

2
Die Zwiebel schälen und halbieren. Eine Hälfte in feine Spalten schneiden, die andere Hälfte fein würfeln. Von der Limette die Schale abreiben und den Saft auspressen. Die Chilischote fein zerbröseln, die Austernseitlinge in grobe Streifen schneiden.

3
In einem Topf das Olivenöl bei mittlerer Temperatur erhitzen und die Zwiebelwürfel darin 1 Minute anbraten. Cranberrys, Madras-Currypulver, Chilischote sowie 2 EL Zucker hinzugeben und 1 Minute mitbraten.

7
Die Entenbrustfilets aus der Pfanne nehmen, das ausgetretene Fett aber in der Pfanne belassen. Die Entenbrustfilets mit der Hautseite nach oben auf einem mit Backpapier belegten Blech im Ofen auf der mittleren Schiene 8 Minuten garen.

8
In die zuvor verwendete Pfanne die Kartoffelspalten geben und im Entenfett bei mittlerer Temperatur 3 Minuten braten, mit ½ TL Salz und Pfeffer nach Belieben würzen.

9
Zwiebelspalten und Austernseitlinge hinzugeben und 2 Minuten weiterbraten. Anschließend den Babyspinat unterheben und die Pfanne vom Herd nehmen.

4
Mit 7 EL Wasser ablöschen, die Temperatur auf eine niedrige Stufe reduzieren und alles bei aufgesetztem Deckel 10 Minuten köcheln. Das Chutney anschließend warm halten.

5
Die Kartoffeln abgießen und abkühlen lassen. Die Entenbrustfilets abspülen, trocken tupfen und die Haut rautenförmig einritzen, ohne in das Fleisch zu schneiden. Jeweils mit ½ TL Salz und Pfeffer nach Belieben rundum würzen.

6
Die Kartoffeln pellen und längs in Spalten schneiden. Die Entenbrustfilets mit der Hautseite nach unten in eine kalte Pfanne ohne Öl legen. Bei hoher Temperatur erhitzen und das Fleisch ca. 4 Minuten kross anbraten. Wenden und ½ Minute braten.

10
2 EL Limettensaft, 1 TL Limettenschale sowie den Senf zu den Cranberrys geben und mit ½ TL Salz würzen.

11
Die Entenbrustfilets aus dem Ofen nehmen und 3 Minuten abgedeckt ruhen lassen. Anschließend schräg in ca. 1 cm dicke Scheiben schneiden.

12
Austernseitlinge, Spinat und violette Kartoffeln auf Teller geben. Die Entenbrustfilets darauf anrichten und mit Cranberrychutney garnieren.

Gebratene Entenbrust mit Mango-Avocado-Salsa, Limquats und Süßkartoffelchips

Knusperspaß für alle: Hier knuspern Entenbrustfilets und Süßkartoffelchips begleitet von einer fruchtigen Salsa aus Mango, Chili, Avocado und Koriander, verfeinert mit exotischen Limquats und knackigen Erdnüssen.

🕐 Zubereitungszeit: 40 Minuten

Zutaten für 2 Personen:

Basiszutaten: 190 ml Olivenöl, 3 EL Weißweinessig, Salz, Pfeffer, Zucker

3 Bio-Limquats

1 Knoblauchzehe

1 getrocknete Chilischote

25 g Erdnüsse

1 rote Zwiebel

1 Avocado

2 Entenbrust-filets à 170 g

1 Süßkartoffel

30 g getrocknete Mango

1 Bund Koriander

1
Den Backofen auf 170°C Umluft bzw. 190°C Ober-/Unterhitze vorheizen. Die Süßkartoffel schälen und mit einem Hobel oder Messer in hauchdünne Scheiben schneiden, alternativ mit einem Sparschäler zu feinen Scheiben hobeln.

2
In einer Pfanne 150 ml Olivenöl bei hoher Temperatur erhitzen und die Süßkartoffelscheiben darin portionsweise jeweils ca. 2 Minuten knusprig frittieren, dabei gelegentlich wenden. Anschließend auf Küchenpapier abtropfen lassen.

3
Die Süßkartoffelchips in eine ofenfeste Form geben und mit ½ TL Salz und etwas Pfeffer würzen.

7
Die Entenbrustfilets mit der Hautseite nach unten in eine kalte Pfanne ohne Öl legen, die Pfanne bei hoher Temperatur erhitzen und das Fleisch ca. 4 Minuten kross anbraten. Wenden und ½ Minute weiterbraten.

8
Die Entenbrustfilets mit der Hautseite nach oben auf ein mit Backpapier belegtes Blech geben und im vorgeheizten Ofen auf der mittleren Schiene 8 Minuten garen.

9
In die zuvor verwendete Pfanne Zwiebel, Knoblauch sowie Chilischote geben und bei mittlerer Temperatur 1 Minute anbraten. Die Süßkartoffelchips in der Form 4 Minuten vor Ende der Backzeit der Entenbrustfilets in den Ofen geben.

4

Die Mango in feine Streifen schneiden. Zwiebel und Knoblauch schälen und fein hacken. Die Limquats in ca. 3 mm dünne Scheiben schneiden und von den Kernen befreien. Die Chilischote fein zerbröseln.

5

Den Koriander waschen, trocken schütteln und mit den Stängeln grob hacken. Die Avocado schälen, vom Kern befreien und in ca. 1 cm große Würfel schneiden. Die Erdnüsse grob hacken.

6

Die Entenbrustfilets abspülen, trocken tupfen und die Haut mit einem scharfen Messer rautenförmig einritzen, ohne in das Fleisch zu schneiden. Jeweils mit ¼ TL Salz und Pfeffer nach Belieben würzen.

10

In einer Schale Zwiebel und Knoblauch mit Mango, Koriander und Erdnüssen sowie 4 EL Olivenöl und dem Weißweinessig vermengen. Mit 1 TL Salz, 1 TL Zucker und Pfeffer nach Belieben würzen.

11

Entenbrustfilets und Süßkartoffelchips aus dem Ofen nehmen. Die Entenbrustfilets 3 Minuten abgedeckt ruhen lassen und anschließend schräg in 0,5 cm dicke Scheiben schneiden. Die Avocadowürfel vorsichtig unter die Salsa heben.

12

Entenbrustfilets und Süßkartoffelchips auf Tellern anrichten und mit Limquats garnieren. Die Mango-Avocado-Salsa dazuservieren.

Geschmorte Entenkeule auf Ofen-fenchel mit getrockneten Tomaten und Orangen-Safran-Jus

Festtäglicher Schmaus mit Genussgarantie: knusprige Entenkeulen aus dem Ofen, umhüllt von fruchtiger Jus, mediterranem Gemüsetrio und zartem Safran.

🕐 Zubereitungszeit: 45 Minuten + 110 Minuten Garzeit

Zutaten für 2 Personen:

Basiszutaten: 1 EL Mehl, 250 ml Weißwein, Salz, Pfeffer

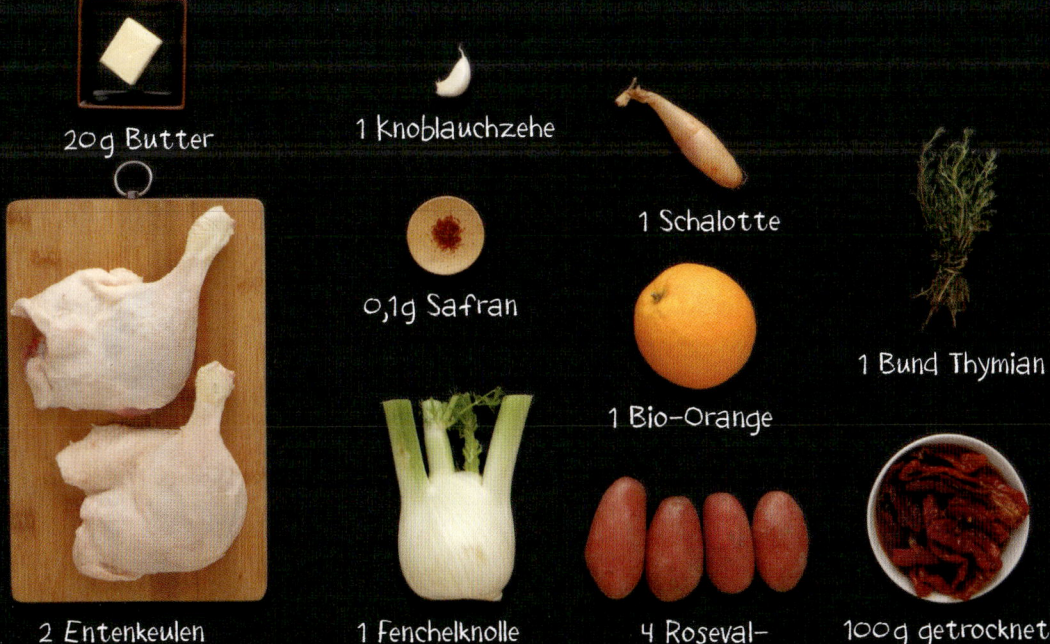

20 g Butter

1 Knoblauchzehe

1 Schalotte

0,1 g Safran

1 Bund Thymian

1 Bio-Orange

2 Entenkeulen à 320 g

1 Fenchelknolle

4 Roseval-kartoffeln

100 g getrocknete Tomaten in Öl

1
Den Backofen auf 180 °C Ober-/ Unterhitze vorheizen. Den Fenchel vierteln, die Kartoffeln halbieren. Den Knoblauch in feine Scheiben schneiden, die Schalotte halbieren. Die Thymianspitzen beiseitelegen und von den Zweigen die Blättchen abzupfen.

2
Von der Orange zwei Schalenstreifen abziehen. Die Orange schälen und das Fruchtfleisch in ca. 0,5 cm dicke Scheiben schneiden. In einer Schüssel die Butter und das Mehl mit einer Gabel gut vermengen und kalt stellen.

3
Die Entenkeulen jeweils mit ½ TL Salz und Pfeffer nach Belieben rundum würzen.

7
Entenkeulen und Gemüse aus dem Ofen nehmen, auf ein Backblech geben. Den Sud in der Form beiseitestellen. Die Temperatur auf 140 °C Ober-/ Unterhitze reduzieren, Gemüse und Fleisch weitere 12 Minuten knusprig backen.

8
Den Sud durch ein Sieb abgießen, in einem Topf auffangen, aufkochen und ca. 6 Minuten auf drei Viertel der ursprünglichen Menge einkochen. Die Mehl-Butter-Mischung mit einem Schneebesen in den eingedickten Sud einrühren.

9
Das Gemüse mittig auf Teller geben. Die kross gebackenen Entenkeulen darauf anrichten und mit Orangen-Safran-Jus umgießen. Mit Thymianspitzen dekorieren.

4

Die Entenkeulen in eine kalte Pfanne geben. Bei hoher Temperatur erhitzen und die Entenkeulen auf beiden Seiten insgesamt 5 Minuten anbraten.

5

Fenchel, Schalotte, getrocknete Tomaten, Kartoffeln, Orangenscheiben und -streifen, Knoblauch und Thymian in eine tiefe ofenfeste Form geben. Die Entenkeulen daraufsetzen.

6

Den Weißwein und 400 ml Wasser angießen. Die Flüssigkeit mit Safran, ½ TL Salz und Pfeffer nach Belieben würzen. Im vorgeheizten Backofen auf der mittleren Schiene 110 Minuten garen.

Dieses traditionsreiche Fleischgericht weckt die Vorfreude auf winterliche Festtage.

Entenkeule mit Orange, auch als Ente à l'Orange bekannt, zählt zu den Klassikern unter den Fleischgenüssen. In diesem Rezept kann die Ente aber noch viel mehr als in Orangenjus baden. Umgeben von getrockneten Tomaten, dem Knollengemüse Fenchel und den leicht rötlichen Roseval-Kartoffeln legt sie im Ofen einen richtigen Auftritt hin. Die festliche Krone wird ihr von den feinen Safranfäden – die getrockneten Stempel der Krokusblüte – verliehen. Viel Freude beim Genießen!

Rind & Kalb

Gebratenes Kalbsfilet mit Spargel, Rhabarber-Confit und Orangenkartoffeln

Sonnengelber Frühjahrsgruß: Zartes Kalbsfilet krönt sich mit Requisiten wie weißem Spargel, rosa Rhabarber und Orangenkartoffeln.

🕐 Zubereitungszeit: 45 Minuten

Zutaten für 2 Personen:

Basiszutaten: 4 *EL* Olivenöl, Salz, Pfeffer, Zucker

20g Butter

2 Bio-Orangen

1 Prise scharfes Paprikapulver

2 Kalbsfilets à 130g

8 Grenaille-kartoffeln

7 Stangen Spargel

1 Stange Rhabarber

1

Den Backofen auf 160 °C Umluft bzw. 180 °C Ober-/Unterhitze vorheizen. Die Kartoffeln ungeschält mit 1 EL Salz in einen Topf geben, mit Wasser bedecken und den Deckel aufsetzen. Aufkochen und bei mittlerer Temperatur 12 Minuten köcheln.

2

Den Spargel schälen, von den Enden befreien und längs halbieren. Von einer Orange die Schale abreiben und den Saft auspressen. Die andere Orange großzügig schälen und das Fruchtfleisch filetieren, die Filets beiseitelegen.

3

Die Kalbsfilets abspülen, trocken tupfen und jeweils mit ¼ TL Salz sowie Pfeffer nach Belieben rundum würzen. Den Rhabarber waschen, von den Enden befreien und in ca. 1 cm große Würfel schneiden. Die Kartoffeln abgießen und abkühlen lassen.

7

Währenddessen die Kalbsfilets aus dem Ofen nehmen und 3 Minuten abgedeckt ruhen lassen. Anschließend schräg halbieren.

8

Während das Fleisch ruht, in der zuvor verwendeten Pfanne 1 EL Olivenöl erhitzen. Den Rhabarber mit dem Paprikapulver darin bei mittlerer Temperatur 2 Minuten anbraten. Mit 1 EL Zucker sowie ¼ TL Salz würzen.

9

Den Spargel auf flache Teller geben. Die Orangenkartoffeln und das Rhabarber-Confit dazu anrichten, die Kalbsfilets daraufgeben und mit Orangenfilets sowie eingekochter Orangensauce garnieren.

4

In einer Pfanne 1 EL Olivenöl bei hoher Temperatur erhitzen und die Kalbsfilets darin auf jeder Seite 1 Minute scharf anbraten. Auf ein mit Backpapier belegtes Blech geben und im Ofen auf der mittleren Schiene 8 Minuten garen.

5

Die Kartoffeln pellen. In einem Topf die Kartoffeln mit Butter, Orangensaft sowie 1 TL Orangen-schale bei mittlerer Temperatur aufkochen. Mit ½ TL Zucker sowie ¼ TL Salz würzen und köcheln lassen, bis der Orangensaft dick-flüssig eingekocht ist.

6

In einem weiteren Topf 150 ml Wasser mit ½ TL Salz, 1 TL Zucker sowie 2 EL Olivenöl zum Kochen bringen. Den Spargel hinzugeben und bei mittlerer Temperatur 5 Minuten garen.

Die Spargelsaison beginnt. Das weiße Gold feiern wir gemeinsam mit dem feinsten Stück vom Kalb.

Nach den grauen Monaten sehnen wir uns nach leuchtenden Farben, auch auf dem Teller. Da kommen das Kalbsfilet und seine farbenfrohen Begleiter Spargel, Orange und Rhabarber genau zur rechten Zeit. Die fruchtig-frische Kombination erfüllt unsere Erwartungen an den Frühling. Spargel glänzt durch verschiedene Zubereitungsmöglichkeiten: Hier bedienen wir uns einer schonenden Garmethode und blanchieren die Spargelstangen nur kurz, sodass der Genuss noch intensiver wird.

Malabar-Pfeffersteaks mit Erdbeer-Barbecue-Sauce auf Kartoffelstampf mit karamellisierten Zwiebeln

Ein Mahl (nicht nur) für Männer: Man nehme ein mit Malabar-Pfeffer gewürztes Hüftsteak und bietet dazu Kartoffelstampf und eine rauchige Erdbeer-Barbecue-Sauce an. Fertig!

🕐 Zubereitungszeit: 40 Minuten

Zutaten für 2 Personen:

Basiszutaten: 7 EL Olivenöl, 1 EL dunkler Balsamico-Essig, 1 EL Weißweinessig, Zucker, Salz, Pfeffer

40g Butter

1 Knoblauchzehe

1 EL grüner Malabar-Pfeffer

25g frische Ingwerwurzel

1 Bund Minze

1 rote Zwiebel

¼ TL Rauchsalz

2 Rinderhüftsteaks à 130g

200g Erdbeeren

3 Kartoffeln

1 Mini-Gurke

1
Den Backofen auf 170 °C Umluft bzw. 190 °C Ober-/Unterhitze vorheizen. Die Zwiebel schälen, halbieren und in Streifen schneiden. Die Kartoffeln schälen und vierteln.

2
Die Kartoffeln zusammen mit 1 EL Salz in einen Topf geben und mit Wasser bedecken. Zum Kochen bringen und bei mittlerer Temperatur ca. 25 Minuten weich garen.

3
Währenddessen in einer Pfanne 1 EL Zucker, 2 EL Olivenöl und ½ TL Salz erhitzen und die Zwiebel darin bei niedriger bis mittlerer Temperatur ca. 15 Minuten leicht knusprig braten, dabei gelegentlich umrühren.

7
Den Malabar-Pfeffer in der Verpackung belassen und mit der Unterseite eines Topfes grob zerstampfen (alternativ grob mörsern). Die Rinderhüftsteaks abspülen, trocken tupfen und mit Malabar-Pfeffer und jeweils ¼ TL Salz rundum würzen.

8
In einer weiteren Pfanne 1 EL Olivenöl bei hoher Temperatur erhitzen und das Fleisch darin auf jeder Seite 1 Minute scharf anbraten. Auf einem mit Backpapier belegten Blech im Ofen auf der mittleren Schiene 8 Minuten garen.

9
Die Gurke in feine Scheiben schneiden und in einer Schüssel mit der übrigen Minze, 2 EL Olivenöl, dem Weißweinessig, ½ TL Zucker, ¼ TL Salz und Pfeffer vermengen.

4
Die Erdbeeren waschen, vom Grün befreien und vierteln. Ingwer und Knoblauch schälen und fein hacken. Die Minze waschen und trocken schütteln. Die Minzespitzen beiseitelegen, von den Stängeln die Blätter abzupfen und fein hacken.

5
In einem kleinen Topf 2 EL Olivenöl erhitzen. Knoblauch und Ingwer darin bei mittlerer Temperatur ½ Minute anbraten. Die Erdbeeren und 1 EL Zucker hinzugeben und 4 Minuten unter Rühren mitbraten.

6
Mit dem Balsamico-Essig ablöschen, mit Rauchsalz und Pfeffer nach Belieben würzen. Anschließend den Topf vom Herd nehmen, den Inhalt mit einem Pürierstab fein pürieren und mit der Hälfte der Minze vermengen. Im Topf abkühlen lassen.

10
Die weich gegarten Kartoffeln abgießen, die Butter zugeben und alles mit einer Gabel zerdrücken. Mit ¼ TL Salz würzen.

11
Das Fleisch aus dem Ofen nehmen und 3 Minuten bedeckt ruhen lassen. Anschließend schräg halbieren.

12
Den Kartoffelstampf mittig auf Teller geben. Die Malabar-Pfeffersteaks und die karamellisierte Zwiebel darauf anrichten und mit Gurkensalat, Erdbeer-Barbecue-Sauce und Minzespitzen garnieren.

Mexikanisches Rinderhüftsteak mit Chili-Honig-Kruste, Rösti und Pico de Gallo

Sehnsucht nach Mexiko: Mit einer Salsa aus Tomaten und schwarzen Bohnen, Korianderjoghurt und mit Ancho-Chilischote gekrönter Rinderhüfte reisen wir kulinarisch in die Ferne.

🕐 Zubereitungszeit: 40 Minuten

Zutaten für 2 Personen:

Basiszutaten: 4 EL Olivenöl, Salz, Pfeffer, Zucker

1 Bio-Limette

20g Honig

1 Knoblauchzehe

20g Butter

150g Joghurt

1 Peperoni

1 rote Zwiebel

1 Bund Koriander

2 Rinderhüftsteaks à 130g

100g schwarze Bohnen

1 Ancho-Chilischote

3 Kartoffeln

1 Strauchtomate

1

Die Peperoni längs halbieren, von Stielansatz und Samen befreien und das Fruchtfleisch in feine Streifen schneiden. Knoblauch und Zwiebel schälen und fein hacken. Von der Limette die Schale abreiben und den Saft auspressen.

2

Den Backofen auf 170 °C Umluft bzw. 190 °C Ober-/Unterhitze vorheizen. Die Strauchtomate würfeln. Die Ancho-Chilischote von Stielansatz und Samen befreien und fein hacken. Den Koriander mit den Stielen grob hacken.

3

Die Kartoffeln schälen, abspülen und grob raspeln. In einer Schüssel mit ½ TL Salz und Pfeffer nach Belieben vermengen.

7

In einer Pfanne 1 EL Olivenöl bei hoher Temperatur erhitzen. Die Rinderhüftsteaks darin auf jeder Seite 1 Minute scharf anbraten.

8

Die Rinderhüftsteaks auf ein mit Backpapier belegtes Blech geben. Die Ancho-Chilischoten-Mischung auf das Fleisch streichen und leicht andrücken. Anschließend im vorgeheizten Ofen auf der mittleren Schiene 9 Minuten garen.

9

In einer Schale die Hälfte des Korianders mit dem übrigen Knoblauch, Strauchtomate, Peperoni, Zwiebel sowie Bohnen zu einer Pico-de-Gallo-Salsa vermengen. Mit ½ TL Salz, ½ TL Zucker, 1 EL Olivenöl sowie 1 EL Limettensaft würzen.

4

In einer Pfanne die Butter und 2 EL Olivenöl erhitzen. Aus der Kartoffelmasse vier Rösti formen und bei mittlerer bis hoher Temperatur 8 Minuten braten. Anschließend wenden und weitere 8 Minuten goldbraun und knusprig braten.

5

Die Rinderhüftsteaks abspülen, trocken tupfen und jeweils mit ¼ TL Salz und Pfeffer nach Belieben rundum würzen. Die schwarzen Bohnen abtropfen lassen.

6

In einer Schüssel die Ancho-Chilischote mit Honig sowie der Hälfte des Knoblauchs vermengen. Mit ¼ TL Salz würzen.

10

In einer weiteren Schüssel den Joghurt mit 1 EL Limettensaft, 1 TL Limettenschale sowie dem übrigen Koriander vermengen. Mit ¼ TL Salz, ¼ TL Zucker und Pfeffer nach Belieben würzen.

11

Die Rinderhüftsteaks aus dem Ofen nehmen und 3 Minuten ruhen lassen, anschließend schräg halbieren.

12

Die Kartoffelrösti auf Teller geben. Die Rinderhüftsteaks und Pico de Gallo dazu anrichten. Den Limetten-Koriander-Joghurt dazuservieren.

Rinderhüftsteak mit Blutorangen-Karamell, Hummus und Pak Choi

Der Winter wird fruchtig: Das Rinderhüftsteak thront gemeinsam mit dem frischen Pak Choi auf cremig-sämigem Hummus und wird von süßer Blutorange fruchtig ergänzt.

🕐 Zubereitungszeit: 40 Minuten

Zutaten für 2 Personen:

Basiszutaten: 7 EL Olivenöl, Salz, Pfeffer, Zucker

1 Knoblauchzehe

1 Prise Kreuzkümmel

20 g Butter

1 getrocknete Chilischote

2 Blutorangen

1 Bio-Limette

2 Rinderhüftsteaks à 130 g

2 Mini-Pak-Choi

400 g Kichererbsen (aus der Dose)

1 kleines Baguette

1
Von der Limette die Schale abreiben und den Saft auspressen. Die Blutorangen großzügig schälen und das Fruchtfleisch mit einem scharfen Messer filetieren. Den Saft dabei auffangen sowie Saft aus den übrigen Blutorangen auspressen und auffangen.

2
Den Backofen auf 170 °C Umluft bzw. 190 °C Ober-/Unterhitze vorheizen. Das Baguette in Scheiben schneiden. Kichererbsen abgießen, die Flüssigkeit auffangen. Den Knoblauch fein hacken. Pak Choi längs halbieren, Chilischote fein zerbröseln.

3
Kichererbsen sowie 4 EL Kichererbsenflüssigkeit, Kreuzkümmel, 2 EL Limettensaft, 1 TL Limettenschale, Knoblauch und 4 EL Olivenöl mit dem Pürierstab zu feincremigem Hummus verarbeiten. Mit 1 TL Salz und nach belieben Pfeffer würzen.

7
In der zuvor verwendeten Pfanne 1 EL Olivenöl erhitzen und den Pak Choi auf der Schnittfläche darin bei mittlerer Temperatur 3 Minuten anbraten. Wenden und 2 Minuten weiterbraten. Mit Chili und ¼ TL Salz würzen.

8
Die Rinderhüftsteaks und Crostini aus dem Ofen nehmen. Das Fleisch abgedeckt 3 Minuten ruhen lassen und anschließend schräg halbieren.

9
Den Hummus mittig auf Teller geben. Rinderhüftsteaks, Crostini und Pak Choi darauf anrichten und mit Blutorangen-Karamell garnieren.

4

Rinderhüftsteaks abspülen und trocken tupfen. Jeweils mit ¼ TL Salz und Pfeffer nach Belieben würzen. In einer Pfanne 1 EL Olivenöl bei hoher Temperatur erhitzen und die Rinderhüftsteaks darin auf jeder Seite 1 Minute scharf anbraten.

5

Die Baguettescheiben auf ein mit Backpapier belegtes Blech legen, mit 1 EL Olivenöl beträufeln und mit ½ TL Salz sowie nach Belieben Pfeffer würzen. Die Steaks auf das Backblech legen und im Ofen auf der mittleren Schiene 8 Minuten garen.

6

In einem Topf 2 EL Zucker bei mittlerer Temperatur goldgelb karamellisieren lassen. Mit Orangensaft, Butter und 2 EL Wasser leicht einkochen. Mit ¼ TL Salz würzen, die Blutorangenfilets zugeben und den Topf vom Herd nehmen.

Die süß-säuerliche Saftigkeit der Blutorange wird im Karamell aus Butter und Zucker großartig aufgefangen.

Die Blutorange hat nur von Januar bis März Saison. Damit ihre schöne Farbe optimal ausgebildet wird, sind in der Reifung große Temperaturunterschiede am Tag und in der Nacht notwendig. In natürlicher Umgebung findet die Blutorange dieses Klima zum Beispiel auf Sizilien. Mit dem knackigen Pak Choi und dem cremigen Hummus bildet sich ein perfektes Team, um das Rinderhüftsteak zu begleiten. Hummus lässt sich sehr unterschiedlich zubereiten. In dieser Variante geben Kreuzkümmel, Knoblauch und Limette den Ton an.

Gebratenes Rinderfilet mit Guacamole, Zuckerschoten und rotem Orangen-Zwiebel-Jus

Fröhlich mexikanisch: Edles Rinderfilet schmückt sich auf unseren Tellern mit feiner Guacamole, knackigen Zuckerschoten und erfrischend-fruchtiger Jus.

🕐 Zubereitungszeit: 35 Minuten

Zutaten für 2 Personen:

Basiszutaten: 6 EL Olivenöl, 1 TL Weißweinessig, Salz, Pfeffer

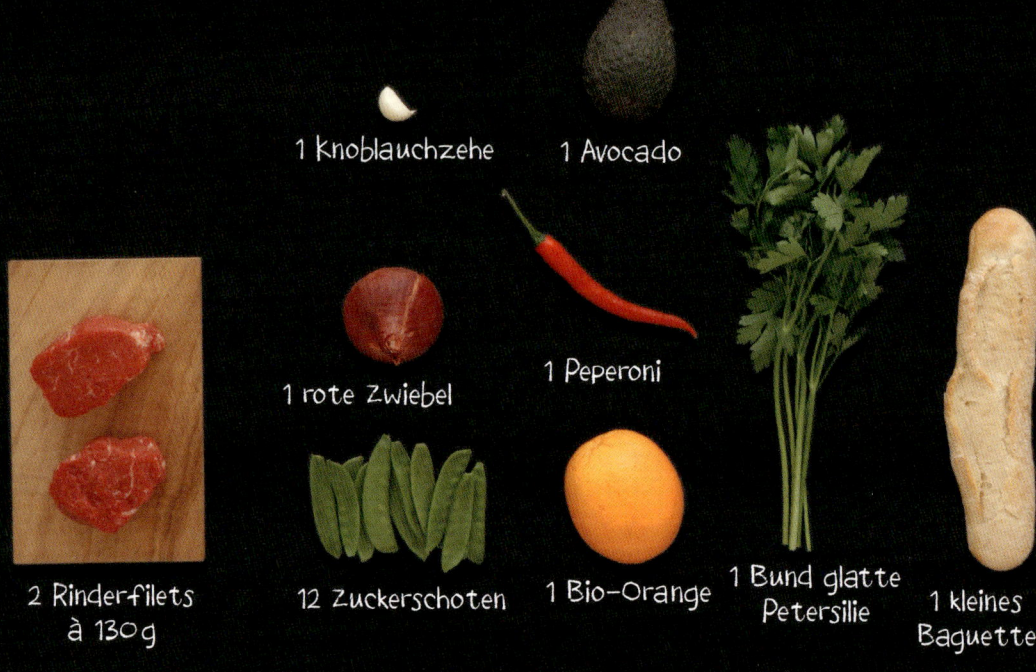

1 Knoblauchzehe

1 Avocado

1 rote Zwiebel

1 Peperoni

2 Rinderfilets à 130 g

12 Zuckerschoten

1 Bio-Orange

1 Bund glatte Petersilie

1 kleines Baguette

1
Den Backofen auf 160 °C Umluft bzw. 180 °C Ober-/Unterhitze vorheizen. Die Avocado halbieren, das Fruchtfleisch herauslösen. Den Knoblauch schälen und fein hacken, die Peperoni halbieren und ohne Stilansatz und Samen in feine Streifen schneiden.

2
Die Petersilie waschen und trocken schütteln. Die Petersilienspitzen für die Dekoration beiseitelegen. Die übrige Petersilie mit den Stängeln fein hacken. Die Zwiebel schälen und fein würfeln, die Orange auspressen.

3
Avocado, Knoblauch, Chilischote und Petersilie in eine Schüssel geben und grob zu einer Guacamole zerdrücken. Mit dem Weißweinessig, ¼ TL Salz und Pfeffer nach Belieben würzen. Das Baguette schräg in Scheiben schneiden.

7
In der zuvor verwendeten Pfanne 1 EL Olivenöl bei hoher Temperatur erhitzen und die Zwiebel darin 1 Minute anbraten.

8
Die Zuckerschoten zu den Zwiebeln geben, mit Orangensaft sowie 6 EL Wasser ablöschen und bei mittlerer Temperatur 4 Minuten einkochen. Mit ½ TL Salz würzen.

9
Die Guacamole mittig auf Teller geben und jeweils 1 Rinderfilet daraufsetzen. Die Zuckerschoten dazu anrichten und mit Orangen-Zwiebel-Jus beträufeln. Baguettescheiben anlegen und alles mit Petersilienspitzen garnieren.

4
Die Rinderfilets abspülen, trocken tupfen und jeweils mit ½ TL Salz und Pfeffer nach Belieben würzen.

5
In einer Pfanne 2 EL Olivenöl bei hoher Temperatur erhitzen und die Rinderfilets darin auf jeder Seite 1 Minute scharf anbraten.

6
Die Baguettescheiben auf ein mit Backpapier belegtes Blech geben und mit 3 EL Olivenöl beträufeln. Mit ½ TL Salz und Pfeffer würzen. Die Rinderfilets auf das Blech legen und auf der mittleren Schiene 10 Minuten garen.

Herzhaft und trotzdem leicht kommt dieser Dreiklang daher und verkörpert so das perfekte Sommergericht.

Der Baum, an dem die edle Avocado wächst, die hier zu fein-würziger Guacamole verarbeitet wird, kann bis zu 15 Meter hoch werden und hat seinen Ursprung in Südmexiko. Kein Wunder also, dass die Kombination von zartem Rinderfilet und aromatischer Avocado dort ein sehr beliebter Klassiker ist. Um auch wirklich alle Zellen zu höchsten Gaumenfreuden zu erheben, wird unser Rinderfilet durch eine fruchtig-süße Orangen-Zwiebel-Jus komplettiert.

Rinderhüftsteak mit karamellisierten Balsamico-Feigen und Thymian-Hokkaido-Kürbis

Es wird herbstlich-fruchtig: In Honig und Balsamico karamellisierte Feigen begleiten mit ofengeschmorten Grenaille-Kartoffeln und Hokkaido-Kürbis das zarte argentinische Hüftsteak.

🕐 Zubereitungszeit: 40 Minuten

Zutaten für 2 Personen:

Basiszutaten: 5 EL Olivenöl, 6 EL dunkler Balsamico-Essig, Salz, Pfeffer, Zucker

20 g Butter

1 Bund Thymian

20 g Honig

1 Knoblauchzehe

2 Rinderhüftsteaks
à 130 g

300 g
Hokkaido-Kürbis

4 Feigen

5 Grenaille-
Kartoffeln

1
Den Backofen auf 180 °C Umluft bzw. 200 °C Ober-/Unterhitze vorheizen. Den Hokkaido-Kürbis waschen, ohne Stielansatz und Kerne in sechs gleich große Spalten schneiden. Die Kartoffeln waschen und längs halbieren. Den Knoblauch fein hacken.

2
Einige Thymianzweige beiseite-legen, von den übrigen Zwei-gen die Blättchen abzupfen. Kürbis, Kartoffeln, Knoblauch und Thymian mit 4 EL Olivenöl, 1 TL Zucker, ½ TL Salz sowie Pfeffer nach Belieben 10 Minu-ten marinieren.

3
Das marinierte Gemüse auf ein mit Backpapier belegtes Blech geben und im vorgeheizten Ofen auf der mittleren Schiene 24 Minuten garen.

7
Die Feigen hinzugeben, die Temperatur auf eine niedrige Stufe reduzieren und die Feigen 2 Minuten ziehen lassen.

8
Die Rinderhüftsteaks aus dem Ofen nehmen, abgedeckt 3 Minuten ruhen lassen und anschließend schräg halbieren.

9
Kürbis und Kartoffeln auf Teller geben. Rinderhüftsteaks und Balsamico-Feigen darauf anrich-ten und mit Thymianzweigen dekorieren.

4

Währenddessen die Rinder-hüftsteaks abspülen, trocken tupfen und jeweils mit ½ TL Salz und Pfeffer nach Belieben rundum würzen. Die Feigen waschen, von den Stielansätzen befreien und vierteln.

5

In einer Pfanne 15 Minuten vor Ende der Garzeit des Gemüses 1 EL Olivenöl bei hoher Tempe-ratur erhitzen und die Rinder-hüftsteaks darin auf jeder Seite 1 Minute scharf anbraten. Zum Gemüse in den Ofen geben und 6 Minuten mitgaren.

6

Währenddessen in einem klei-nen Topf den Balsamico-Essig mit Honig und Butter aufkochen. Anschließend bei mittlerer Tem-peratur 2 Minuten einkochen. Mit ¼ TL Salz und Pfeffer nach Belieben würzen.

Feigen, so fruchtig, Kürbis, so würzig — ein unver-wechselbar leckeres Zutatenensemble für den Herbst.

Im September beginnt langsam der Herbst, auch Feigen finden allmählich ihren Weg in den Obstkorb. Ob als Dessert oder als süße Beilage zu Herzhaftem – wir lieben diese traumhaft schöne Frucht in der Küche. Mit Honig und Balsamico in der Pfanne karamellisiert, entfaltet sich ein Aroma, das dem argentinischen Rinder-hüftsteak bestens steht. Der sanfte japanische Hokkaido-Kürbis gesellt sich als weiterer Herbstbote hinzu und macht die Beilagen perfekt.

Rinderfilet mit Pimientos de Padrón, Salzkrustenkartoffeln und Mojo picón

Ein kulinarisches Abenteuer: zartes Rinderfilet, eine Sauce aus Paprika, Knoblauch, Olivenöl, Chilischote und Weißweinessig, feurige Pimientos de Padrón und salzige Kartoffeln.

🕐 Zubereitungszeit: 40 Minuten

Zutaten für 2 Personen:

Basiszutaten: 5 EL Olivenöl, 2 EL Weißweinessig, Salz, Pfeffer, Zucker

1 Knoblauchzehe

1 getrocknete Chilischote

1 TL Paprikapulver (edelsüß)

2 Rinderfilets à 130 g

10 Pimientos de Padrón

8 Grenaille-kartoffeln

2 Spitzpaprika-schoten

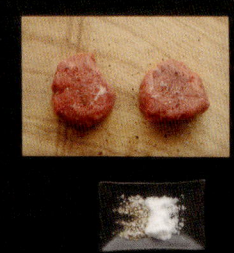

1

Den Backofen auf 160 °C Umluft bzw. 180 °C Ober-/Unterhitze vorheizen. Die Kartoffeln waschen, mit 5 EL Salz in einem Topf mit Wasser bedecken. Die Kartoffeln aufkochen und bei mittlerer Temperatur ca. 22 Minuten köcheln.

2

Die Rinderfilets abspülen, trocken tupfen und jeweils mit ½ TL Salz und Pfeffer nach Belieben rundum würzen.

3

In einer Pfanne 2 EL Olivenöl bei hoher Temperatur erhitzen und die Rinderfilets darin auf jeder Seite 1 Minute mit den Pimientos de Padrón scharf anbraten.

7

Die Rinderfilets und Pimientos aus dem Ofen nehmen. Die Filets 3 Minuten abgedeckt ruhen lassen, dann schräg halbieren. Die Kartoffeln abgießen, zurück in den Topf geben und bei mittlerer Temperatur ca. 1 Minute wenden, bis sich eine Kruste bildet.

8

Je 4 Kartoffeln auf einen Teller geben und mit einer Gabel leicht andrücken. Anschließend 1 EL Olivenöl sowie Mojo picón darauf verteilen.

9

Die Rinderfilets auf den Kartoffeln anrichten und mit Pimientos de Padrón garnieren.

4
Rinderfilets und Pimientos de Padrón auf ein mit Backpapier belegtes Blech geben und im vorgeheizten Ofen auf der mittleren Schiene 9 Minuten garen.

5
Währenddessen die Spitzpaprikaschoten halbieren, von Stielansätzen, Samen und Scheidewänden befreien und das Fruchtfleisch fein würfeln. Den Knoblauch schälen und fein hacken. Die Chilischote fein zerbröseln.

6
Spitzpaprika, Knoblauch, Chilischote sowie Paprikapulver mit 2 EL Olivenöl sowie dem Weißweinessig mit einem Pürierstab zu einer feinen Mojo picón pürieren. Mit 1 TL Salz, ½ TL Zucker sowie Pfeffer nach Belieben würzen.

Mojos sind kalte Saucen, die aus der spanischen – um genau zu sein, aus der kanarischen – Küche stammen.

Die Mojo picón ist eine pikante Variante dieser Köstlichkeit. Gemeinsam mit den Pimientos de Padrón sorgt sie für das gewisse Etwas, das auch dem Rinderfilet besonders gut gefällt. Die Pimientos de Padrón sind eine beliebte spanische Köstlichkeit, die besonders gern als Tapa gereicht wird. Die begleitenden Kartoffeln werden schonend in der Schale gegart. Zum Schluss verdampft das Wasser, die Kartoffeln werden schrumpelig und erhalten ihre typische Salzkruste.

Rinderfilet in Kapernkruste auf Kartoffelstampf und geschmorten Tomaten

Rind im grünen Mäntelchen: Zartes Rinderfilet wird von einer würzigen Kapernkruste umgeben und von cremigem Kartoffelstampf und mildem Oregano begleitet.

🕐 Zubereitungszeit: 40 Minuten

Zutaten für 2 Personen:

Basiszutaten: 3 EL Olivenöl, Salz, Pfeffer

50g Parmesan

1 Knoblauchzehe

10 Kirschtomaten

20g Kapern

2 Rinderfilets à 130g

3 Kartoffeln

1 Bund Oregano

20g Butter

1
Den Backofen auf 160 °C Umluft bzw. 180 °C Ober-/Unterhitze vorheizen. Die Kartoffeln schälen und vierteln, die Kirschtomaten halbieren.

2
Die Kartoffeln mit 1 TL Salz in einen Topf geben, mit Wasser bedecken, zum Kochen bringen und bei mittlerer Temperatur 20 Minuten weich garen.

3
Die Kapern unter fließendem Wasser gründlich abspülen und grob hacken. Den Knoblauch schälen und fein hacken. Die Oreganoblättchen von den Zweigen zupfen und die Hälfte der Blätter fein hacken. Den Parmesan fein reiben.

7
Währenddessen in der zuvor verwendeten Pfanne die Kirsch-tomaten bei mittlerer Tempe-ratur 3 Minuten schmoren. Mit 1 TL Salz würzen, gelegentlich umrühren.

8
Die gegarten Kartoffeln ab-gießen und das Kochwasser auffangen. Die Kartoffeln und 50 ml Kochwasser mit einer Gabel grob zerdrücken. Butter, übrigen Parmesan und gehack-ten Oregano unterheben. Mit Pfeffer nach Belieben würzen.

9
Den Kartoffelstampf mittig auf Teller geben. Die Rinderfilets darauf anrichten und mit ge-schmorten Tomaten und Ore-ganoblättchen garnieren.

4

In einer Schüssel die Hälfte des Parmesans mit Kapern, Knoblauch und 1 EL Olivenöl vermengen. Die Rinderfilets abspülen, trocken tupfen und jeweils mit ½ TL Salz und Pfeffer nach Belieben rundum würzen.

5

In einer Pfanne 2 EL Olivenöl bei hoher Temperatur erhitzen und die Rinderfilets darin auf jeder Seite 1 Minute scharf anbraten.

6

Die Rinderfilets auf ein mit Backpapier belegtes Blech geben, die Kapernmischung gleichmäßig auf der Oberseite des Fleisches verteilen und leicht andrücken. Anschließend die Filets im Ofen auf der mittleren Schiene 6 Minuten garen.

Das edle Filetstück aus dem Lendenbereich des Rinds entfaltet durch das Braten fein-aromatische Röststoffe.

Mediterrane Grüße verspricht dieses Genuss-Meisterwerk. Oregano bringt gemeinsam mit Kapern den Süden in die Küche. Die unverwechselbare Note des hübschen Krauts ist typisch für den Mittelmeerraum. Genau hier fühlen sich auch Kapern besonders wohl, die als Blütenknospen an Sträuchern wachsen und gedeihen. Nach dem Ernten werden sie dann in Salzlake eingelegt. Mit Käse und Knoblauch in einer Kruste vereint bringen sie das Rinderfilet zu feinstem Hochgenuss.

Lamm & Schwein

Lamm-Kebab mit orientalischem Kichererbsensalat, Joghurtdip und rotem Couscous

Schätze aus dem Orient: Lassen wir uns verzaubern von feurigem Lamm und rotem Couscous, die mit einem nussigen Kichererbsensalat und zitronig-frischem Joghurtdip verwöhnt werden.

🕐 Zubereitungszeit: 35 Minuten

Zutaten für 2 Personen:

Basiszutaten: 7 EL Olivenöl, Salz, Pfeffer, Zucker

150g Joghurt

100g Couscous

2 Lammsteaks aus der Hüfte à 130g

400g Kichererbsen (aus der Dose)

1 rote Zwiebel

2 Knoblauchzehen

1 TL Pul Biber

½ TL Ras el-Hanout

1 Strauchtomate

1 Bio-Zitrone

1 Bund glatte Petersilie

10g Harissapaste (scharfe Würz-paste)

1
Die Kichererbsen abgießen und gut abtropfen lassen. Die Strauchtomate waschen, den Stielansatz entfernen und das Fruchtfleisch in ca. 1 cm große Würfel schneiden. Die Petersilie waschen, trocken schütteln und die Blätter abzupfen.

2
Die Zwiebel schälen, halbieren und in feine Streifen schneiden. Den Knoblauch schälen und fein würfeln. Von der Zitrone die Schale abreiben und den Saft auspressen.

3
Die Lammhüfte abspülen, trocken tupfen und in ca. 3 mm schmale Streifen schneiden. Die Lammstreifen mit Pul Biber, ½ TL Salz, 2 EL Olivenöl sowie der Hälfte des Knoblauchs vermengen und bis zur weiteren Verwendung marinieren.

7
Währenddessen in einer kleinen Schüssel den Joghurt mit 1 EL Zitronensaft, 1 TL Zitronenschale, ¼ TL Salz, ½ TL Zucker sowie Pfeffer nach Belieben würzen. Zum Couscous 2 EL Olivenöl sowie die Harissapaste geben und gut vermengen.

8
Eine Pfanne bei hoher Temperatur erhitzen und die marinierten Lammstreifen darin 1 Minute scharf anbraten. Wenden und 1 Minute weiterbraten.

9
Den Couscous auf Teller geben und den Kichererbsensalat sowie das Lamm-Kebab daneben anrichten. Den Joghurtdip dazu servieren.

4

In einer Pfanne 2 EL Olivenöl bei mittlerer Temperatur erhitzen und den übrigen Knoblauch sowie die Zwiebel darin 2 Minuten anbraten. Die Kichererbsen hinzugeben und 1 Minute mitbraten.

5

Den Pfanneninhalt in eine Schüssel geben. Tomate und Petersilienblätter hinzugeben und mit Ras el-Hanout, 3 EL Zitronensaft, 1 EL Olivenöl, 1 TL Salz und nach Belieben Pfeffer würzen.

6

In einem Topf 100 ml Wasser zum Kochen bringen. Den Couscous sowie ¼ TL Salz einrühren, den Topf vom Herd nehmen und den Couscous bei aufgesetztem Deckel ca. 10 Minuten ziehen lassen.

»Kebab« entstammt der türkischen und arabischen Sprache. *Es beschreibt in Stücke geschnittenes und gegrilltes Fleisch.*

Wir lieben die Gewürzvielfalt der orientalischen Küche. In diesem Mahl bedienen wir uns der türkischen Gewürzmischung Pul Biber, übersetzt etwa »Blättchenpfeffer«. Eine Verbindung zu Pfeffer gibt es jedoch nicht, denn die Mischung besteht überwiegend aus getrockneten und zerstoßenen Chilischoten, in denen das Lammfleisch mariniert wird. Als frische Komponente servieren wir dazu einen Kichererbsensalat, der mit Tomate, Petersilie und Zitrone verfeinert wird. Außerdem erfreuen wir uns am leuchtend roten Couscous, der mit würziger Harissapaste vermengt wurde.

Mit Aprikose und Salbei gefüllte Lammhüfte auf geschmorten Birnen und Kartoffeln

Edle Zutaten auf der Gabel: Feinster Aprikosengeschmack verschmilzt mit zarter Lammhüfte und würzigem Serranoschinken zu einem kulinarischen Feuerwerk.

🕐 Zubereitungszeit: 40 Minuten

Zutaten für 2 Personen:

Basiszutaten: 6 EL Olivenöl, Salz, Pfeffer

1 TL Senf

25g Parmesan

1 Birne

1 Bund Salbei

1 Knoblauchzehe

1 Brühwürfel

4 Scheiben Serranoschinken

200g Sahne

2 Lammsteaks aus der Hüfte à 130g

6 getrocknete Aprikosen

3 Kartoffeln

2m Kochgarn

1

Den Backofen auf 180 °C Umluft bzw. 200 °C Ober-/Unterhitze vorheizen. Die Birne ungeschält vierteln, von Stielansatz sowie Kerngehäuse befreien und quer in ca. 4 mm dicke Scheiben schneiden. Den Knoblauch und die Aprikosen fein hacken.

2

Die Kartoffeln schälen, waschen und längs in ca. 4 mm dicke Scheiben schneiden. Die Salbeiblätter von den Stielen zupfen und den Parmesan fein reiben.

3

In einer Pfanne 3 EL Olivenöl bei hoher Temperatur erhitzen und die Salbeiblätter darin ca. ½ Minute knusprig frittieren, anschließend die Pfanne vom Herd nehmen und den Salbei herausnehmen. Das Salbei-Öl in der Pfanne beiseitestellen.

7

In einer weiteren Pfanne 3 EL Olivenöl bei mittlerer Temperatur erhitzen und die Kartoffeln darin 5 Minuten goldbraun anbraten. Dabei häufig wenden.

8

Das Salbei-Öl bei hoher Temperatur erhitzen und die Lammhüfte darin 3 Minuten rundum goldbraun anbraten. Auf ein mit Backpapier belegtes Blech geben und im vorgeheizten Ofen auf der mittleren Schiene 18 Minuten garen.

9

Sahne, Knoblauch und Brühwürfel zu den Kartoffeln geben und 13 Minuten leicht köcheln, mit 1 TL Salz und Pfeffer nach Belieben würzen. Anschließend die Birnen hinzugeben und 5 Minuten mitgaren.

4
Die Lammhüfte abspülen,
trocken tupfen und seitlich
tief einschneiden, aber nicht
durchschneiden. Anschließend
aufklappen und mit je ¼ TL Salz
sowie Pfeffer nach Belieben
rundum würzen.

5
Die Innenseiten mit Senf bestreichen, Aprikosenwürfel darauf
verteilen und je 2 frittierte
Salbeiblätter daraufgeben, die
übrigen Salbeiblätter für die
Dekoration beiseitelegen.

6
Je 2 Scheiben Serranoschinken
nebeneinander auslegen, die
Lammhüfte darin einrollen und
mit Kochgarn festbinden.

10
Die Lammhüfte aus dem Ofen
nehmen, 3 Minuten abgedeckt
ruhen lassen, anschließend das
Kochgarn entfernen und die
Lammhüfte schräg halbieren.

11
Den Parmesan in die Pfanne zu
Kartoffeln und Birnen geben
und alles vorsichtig vermengen.

12
Geschmorte Kartoffeln und
Birnen mittig auf Teller geben,
die Lammhüfte darauf anrichten
und mit den übrigen Salbei-
blättern dekorieren.

Koreanisches Feuerfleisch mit Lammhüfte, Reisnudeln und süß-scharfem Löwenzahn

Bringt Ihre Küche zum Glühen: Zarte Lammhüfte wird in einer Marinade aus Sojasauce, Zwiebel, Chilipaste und Apfel eingelegt und von Reisnudeln, knackigem Löwenzahn und Sesam begleitet.

🕐 Zubereitungszeit: 40 Minuten

Zutaten für 2 Personen:

Basiszutaten: 2 EL Pflanzenöl, 1 EL Weißweinessig, Salz, Zucker

1 Knoblauchzehe

20g koreanische Chilipaste

2 EL Sojasauce

1 Zwiebel

1 Apfel

2 Lammsteaks aus der Hüfte à 130g

20g Sesam

200g Reisband-nudeln

7 Stängel Löwenzahn

1

In einem Topf Wasser für den Löwenzahn zum Kochen bringen. Den Apfel ungeschält vierteln, vom Kerngehäuse befreien und grob reiben. Die Zwiebel schälen und ebenfalls grob reiben. Den Knoblauch schälen und fein hacken.

2

Eine Pfanne bei hoher Temperatur erhitzen und den Sesam darin ca. 1½ Minuten unter Rühren goldbraun rösten. Anschließend aus der Pfanne nehmen und abkühlen lassen.

3

Das Lammfleisch mit einem scharfen Messer in ca. 2 mm dünne Scheiben schneiden.

7

Die Reisbandnudeln in das kochende Wasser geben, den Topf vom Herd nehmen, einen Deckel aufsetzen und die Nudeln 5 Minuten ziehen lassen.

8

In einer Pfanne das Pflanzenöl bei hoher Temperatur erhitzen. Das Fleisch mit der Marinade hineingeben und ca. 2 Minuten scharf braten.

9

Die Reisbandnudeln abgießen und in tiefe Teller geben. Das Feuerfleisch daraufgeben und mit mariniertem Löwenzahn garnieren.

4

In einer Schüssel das Lammfleisch mit geriebenem Apfel,
Zwiebel, Knoblauch, der Hälfte
des gerösteten Sesams, Sojasauce, der Hälfte der Chilipaste
sowie ½ TL Salz marinieren.

5

Den Löwenzahn längs halbieren. Mit 1 EL Salz ins kochende
Wasser geben und 1½ Minuten
blanchieren. Anschließend herausnehmen und kalt abschrecken. Das Wasser kochen lassen.

6

Den Löwenzahn ausdrücken
und in einer Schüssel mit der
übrigen Chilipaste, dem Weißweinessig, 1 TL Zucker und ¼ TL
Salz vermengen. Den übrigen
Sesam unterrühren.

Die Bezeichnung »Feuerfleisch« deutet nicht etwa
auf die Schärfe hin, sondern auf die traditionelle
Zubereitungsart am offenen Feuer.

»Bulgogi« ist der ursprüngliche, koreanische Name dieses Gerichts. Das Fleisch wird
dabei in einer lieblich-scharfen Marinade eingelegt, die hier mit Apfel und Chilipaste
verfeinert wird. Traditionell wird das Fleisch auf einem Salatblatt serviert und bei uns
kommt frischer Löwenzahn auf den Tisch. Die durch ihre buschig-gelben Blüten be-
kannte Blume ist wild sehr viel bitterer als diese Variante. Der Kultur-Löwenzahn wächst
meist im Dunkeln, sodass weniger Bitterstoffe entstehen.

Lamm-Involtini mit Bärlauchfüllung auf Parmesan-Süßkartoffelstampf

Rund gerollt und bunt gefüllt: Lammhüfte wird mit wildem Bärlauch und feinen Mandeln zu Involtini. An Süßkartoffelstampf, Birnen und Bohnen wird daraus ein Gaumenschmaus.

🕐 Zubereitungszeit: 40 Minuten

Zutaten für 2 Personen:

Basiszutaten: 5 EL Olivenöl, Salz, Pfeffer

25g Parmesan

25g blanchierte Mandeln

1 Bund Bärlauch

2m Kochgarn

1½ TL Senf

2 Lammsteaks aus der Hüfte à 130g

20 grüne Bohnen

1 Süß- kartoffel

2 Birnen

20g Butter

1
Den Backofen auf 180 °C Umluft bzw. 200 °C Ober-/Unterhitze vorheizen. Die Süßkartoffel schälen und in ca. 3 cm große Würfel schneiden. Die Birnen schälen, vierteln, von Stielansatz sowie Kerngehäuse befreien und würfeln.

2
Die grünen Bohnen waschen, von den Enden befreien und schräg halbieren. Den Bärlauch mit Stielen fein hacken. Die Mandeln sehr fein hacken und den Parmesan fein reiben.

3
In einer Schüssel den Bärlauch und die gehackten Mandeln mit 1 EL Olivenöl vermengen. Mit ¼ TL Salz sowie Pfeffer nach Belieben würzen.

7
Währenddessen in einer Pfanne 2 EL Olivenöl bei hoher Temperatur erhitzen und die Lamm-Involtini darin 3 Minuten rundum goldbraun anbraten. Anschließend herausnehmen.

8
Das Fleisch auf ein mit Backpapier belegtes Blech geben und im vorgeheizten Ofen auf der mittleren Schiene 10 Minuten garen.

9
In die zuvor verwendete Pfanne 100 ml Wasser zum Bratensatz geben. Die Bohnen und Birnenwürfel hinzugeben und bei mittlerer Temperatur 10 Minuten köcheln. Mit ½ TL Salz und Pfeffer nach Belieben würzen.

4
Die Lammhüfte abspülen, trocken tupfen und seitlich tief einschneiden, aber nicht durchschneiden. Anschließend aufklappen, zwischen Klarsichtfolie legen und mit einem Topf auf ca. 0,5 cm Stärke plattieren.

5
Die Lammhüfte rundum mit je ¼ TL Salz und Pfeffer nach Belieben würzen. Auf der aufgeklappten Seite mit Senf bestreichen und die Bärlauch-Mandel-Füllung darauf verteilen. Das Fleisch einrollen und mit Kochgarn zusammenbinden.

6
Die Süßkartoffelwürfel mit 1 TL Salz in einen Topf geben und mit Wasser bedecken. Einen Deckel aufsetzen, die Kartoffeln aufkochen und bei mittlerer Temperatur 13 Minuten köcheln.

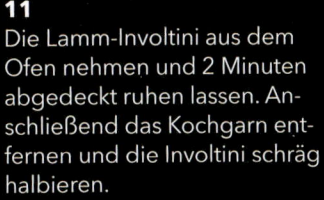

10
Währenddessen die weich gegarten Süßkartoffelwürfel abgießen und kurz ausdampfen lassen. Butter und Parmesan hinzugeben und alles mit einer Gabel zerdrücken. Mit ½ TL Salz und Pfeffer nach Belieben würzen.

11
Die Lamm-Involtini aus dem Ofen nehmen und 2 Minuten abgedeckt ruhen lassen. Anschließend das Kochgarn entfernen und die Involtini schräg halbieren.

12
Den Parmesan-Süßkartoffelstampf auf Teller geben und jeweils 1 EL Olivenöl darüberträufeln. Geschmorte Bohnen und Birnen sowie Lamm-Involtini darauf anrichten.

Schweinefilet in Jalapeño-Marinade auf kartoffelspalten mit Erdbeer-Avocado-Salsa

Starker Charakter mit feuriger Note: Feinste Aromenvielfalt aus Mittelamerika umgarnt unser Schweinefilet. Jalapeño und Avocado arrangieren sich mit Erdbeeren und feurigen Kartoffeln.

🕐 Zubereitungszeit: 35 Minuten

Zutaten für 2 Personen:

Basiszutaten: 5 EL Olivenöl, Salz, Pfeffer, Zucker

40 g Frischkäse

1 Bund Koriander

1 Knoblauchzehe

1 Jalapeño-Schote

1 TL scharfes Paprikapulver

1 Bio-Limette

2 Schweinefilets à 150 g

3 kartoffeln

100 g Erdbeeren

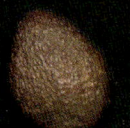

1 Avocado

1

Den Backofen auf 180 °C Umluft bzw. 200 °C Ober-/Unterhitze
vorheizen. Jalapeño-Schote und
Knoblauch fein hacken. Die Kartoffeln waschen und mit Schale
längs achteln. Von der Limette
die Schale abreiben und den Saft
auspressen.

2

Die Kartoffelspalten in einer
Schüssel mit dem Paprikapulver,
2 EL Olivenöl, ½ TL Salz sowie
Pfeffer nach Belieben gut vermengen. Anschließend auf ein
mit Backpapier belegtes Blech
geben und im vorgeheizten
Ofen 25 Minuten garen.

3

2 EL Limettensaft, ½ TL Limetten-
schale, 1 EL Olivenöl, ½ TL Salz,
Knoblauch sowie die Hälfte der
Jalapeño-Schote vermengen.
Die Schweinefilets abspülen,
trocken tupfen und in der Jala-
peño-Marinade bis zur weiteren
Verwendung marinieren.

7

In einer Schüssel Erdbeeren,
Avocado, den übrigen Koriander
und die übrige Jalapeño-Schote
vermengen. Mit 1 EL Limettensaft, ½ TL Salz, ½ TL Zucker sowie
Pfeffer nach Belieben würzen.

8

Die Schweinefilets aus dem
Ofen oder vom Grill nehmen
und bedeckt 3 Minuten ziehen
lassen. Anschließend schräg
halbieren.

9

Die Kartoffelspalten mit dem
Schweinefilet und der Erdbeer-Avocado-Salsa anrichten.
Den Koriander-Frischkäse in
einer kleinen Schüssel dazuservieren.

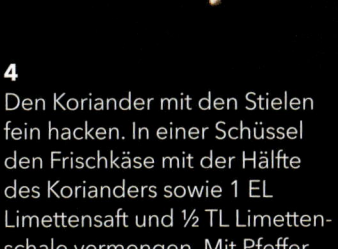

4

Den Koriander mit den Stielen fein hacken. In einer Schüssel den Frischkäse mit der Hälfte des Korianders sowie 1 EL Limettensaft und ½ TL Limettenschale vermengen. Mit Pfeffer nach Belieben würzen.

5

2 EL Olivenöl bei hoher Temperatur erhitzen und die Filets auf jeder Seite 1 Minute scharf anbraten. Aus der Pfanne nehmen, zu den Kartoffeln geben und 8 Minuten mitgaren. Alternativ auf dem Grill bei mittelheißer Glut ca. 9 Minuten grillen.

6

Währenddessen von den Erdbeeren die Stielansätze entfernen und die Früchte vierteln. Die Avocado halbieren, vom Kern befreien, das Fruchtfleisch herauslösen und in ca. 1 cm große Würfel schneiden.

Das aromatische Schweinefilet ist so fein und zart, dass es beinahe auf der Zunge zergeht.

Die pikante Jalapeño-Marinade mit Limette und Knoblauch verleiht dem Filet einen unwiderstehlichen Geschmack. Das Wort »Marinade« ist übrigens dem Französischen entlehnt, »mariner« bedeutet so viel wie »einlegen« oder »beizen«. Die liebliche Erdbeere, übrigens ein Rosengewächs, überzeugt mit Avocado als Salsa und schafft das perfekte Gegenspiel zu den pikant gewürzten Ofenkartoffeln. Übrigens: Probieren Sie die Zubereitung unseres Schweinefilets auch auf dem Grill, um das würzige Aroma noch zu verstärken!

Schweinefilet im Kräutermantel mit Apfel-Honig-Linsen

Herbstliche Schlemmerei: In einem Bett aus roten Linsen, mit Apfel, Honig und Schnittlauch verfeinert, macht es sich das von einem Kräutermantel umgebene Schweinefilet bequem.

🕐 Zubereitungszeit: 40 Minuten

Zutaten für 2 Personen:

Basiszutaten: 3 EL Olivenöl, 1 EL Weißweinessig, Salz, Pfeffer

20g Butter

1 Knoblauchzehe

1 Schalotte

1 Bund Thymian

20g Honig

150g Crème fraîche

1 Brühwürfel

1 Bund Oregano

2 Schweinefilets à 150g

1 Bund Schnittlauch

1 Bund glatte Petersilie

100g rote Linsen

1 Apfel

2

Oregano-, Thymian- und Peter-silienblättchen von den Stielen zupfen und fein hacken, in eine flache Schale oder einen tiefen Teller geben. Den Schnittlauch separat in feine Röllchen schnei-den und beiseitestellen.

3

Die Linsen in das kochende Wasser geben und 7 Minuten bissfest garen. Anschließend abgießen und kalt abschrecken.

Den Backofen auf 180 °C Umluft bzw. 200 °C Ober-/Unterhitze vorheizen. Wasser für die Linsen zum Kochen bringen. Die Linsen abspülen und abtropfen lassen. Schalotte und Knoblauch fein würfeln. Den Apfel schälen und in dünne Scheiben schneiden.

8

Die Schweinefilets aus dem Ofen nehmen und schräg dritteln. Crème fraîche und Schnittlauch unter die Apfel-Honig-Linsen heben.

9

Die Apfel-Honig-Linsen mittig auf Teller geben, die Schweine-filets darauf anrichten und mit den verbliebenen Kräutern dekorieren.

Die Butter bei mittlerer Tempe-ratur zerlassen. Schalotte und Knoblauch darin 2 Minuten andünsten. Apfelscheiben und Linsen dazugeben und 1 Minute mitdünsten. Den Brühwürfel, den übrigen Honig und den Weißweinessig unterrühren.

4

Währenddessen die Schweinefilets abspülen, trocken tupfen
und jeweils mit ½ TL Salz und
Pfeffer nach Belieben rundum
würzen. In einer kleinen Schüssel 1 EL Olivenöl mit der Hälfte
des Honigs verrühren.

5

In einer Pfanne 2 EL Olivenöl bei
hoher Temperatur erhitzen und
die Schweinefilets darin 2 Minuten rundum scharf anbraten.

6

Aus der Pfanne nehmen, mit
dem Honigöl gleichmäßig
bestreichen und in den Kräutern
wälzen. Die Schweinefilets auf
ein mit Backpapier belegtes
Blech geben und im vorgeheizten Ofen auf der mittleren Schiene 12 Minuten fertig garen.

Für den herbstlichen Linsenhunger hält dieses herzhafte Gericht feinste Genüsse bereit.

Die Linse verdankt ihre Farbe inneren Werten: Eigentlich ist die hübsche Hülsenfrucht
nämlich gar nicht rot. Rote Linsen sind geschälte braune Linsen, nur ihr Innerstes ist rot.
Weil sie ihre Schale bereits verloren haben, garen sie viel schneller als ihre Verwand-
ten. Die zarte Honignote und der lieblich-säuerliche Apfel machen sich bestens in dem
sämigen Genuss. Das Schweinefilet gart in einem Mantel aus Oregano, Thymian und
Petersilie und nimmt so ein herrliches Aroma an.

Schweinefilet mit Gorgonzola-Walnuss-Kruste auf Quitten-Brot-Salat mit roten Zwiebeln

Mahlzeit: Kräftiger Gorgonzola und gehackte Walnüsse schmelzen im Ofen auf Schweinefilet dahin, Salat aus geröstetem Ciabatta, goldener Quitte und roten Zwiebeln mutet zünftig-edel an.

🕐 Zubereitungszeit: 40 Minuten

Zutaten für 2 Personen:

Basiszutaten: 6 EL Olivenöl, 1 EL Weißweinessig, Salz, Pfeffer, Zucker

50 g Gorgonzola

1 rote Zwiebel

25 g Walnusskerne

2 Schweinefilets
à 150 g

50 g Feldsalat

1 Quitte

1 Ciabatta

1

Den Backofen auf 170 °C Umluft bzw. 190 °C Ober-/Unterhitze vorheizen. Quitte schälen, vierteln, vom Kerngehäuse befreien und in ca. 0,5 cm große Würfel schneiden. Ciabatta in ca. 1 cm große Würfel schneiden. Zwiebel schälen und fein hacken.

2

Die Schweinefilets abspülen, trocken tupfen und quer dritteln. Die Medaillons jeweils mit ¼ TL Salz und Pfeffer nach Belieben rundum würzen. Die Walnusskerne grob hacken und in einer Schüssel mit dem Gorgonzola vermengen.

3

In einer Pfanne 1 EL Olivenöl bei hoher Temperatur erhitzen und die Schweinemedaillons darin auf jeder Seite 1 Minute scharf anbraten. Anschließend aus der Pfanne nehmen.

7

In einer Schüssel die Quitten- und Ciabattawürfel mit der Zwiebel vermengen. Mit 2 EL Olivenöl, dem Weißweinessig, 1 TL Zucker, ½ TL Salz und Pfeffer nach Belieben würzen.

8

Die Schweinemedaillons aus dem Ofen nehmen und 3 Minuten ruhen lassen. Kurz vor dem Servieren den Feldsalat gründlich waschen, von den Wurzeln befreien, in mundgerechte Stücke zupfen und unter den Quitten-Brot-Salat heben.

9

Den Brotsalat auf Teller geben und die Schweinemedaillons mit Gorgonzola-Walnuss-Kruste darauf anrichten.

4

Die Schweinemedaillons auf ein mit Backpapier belegtes Blech geben. Die Gorgonzola-Walnuss-Masse gleichmäßig auf dem Fleisch verteilen und anschließend im vorgeheizten Ofen auf der oberen Schiene ca. 10 Minuten goldbraun gratinieren.

5

Währenddessen in der zuvor verwendeten Pfanne 1 EL Olivenöl bei mittlerer Temperatur erhitzen und die Quittenwürfel darin 8 Minuten braten.

6

In einer weiteren Pfanne 2 EL Olivenöl erhitzen und die Ciabattawürfel darin bei mittlerer Temperatur ca. 5 Minuten goldbraun rösten. Mit ½ TL Salz und Pfeffer nach Belieben würzen. Anschließend aus der Pfanne nehmen.

Wenn Käse schmilzt, tanzen unsere Geschmacksnerven. Kommt dabei Gorgonzola ins Spiel, sind sie kaum zu halten.

Wir haben Lust auf kräftig-deftige Wintergerichte. Da kommt das Schweinefilet im richtigen Moment. Mit seiner Kruste aus gehackten Walnüssen und italienischem Gorgonzola trifft es genau unseren Geschmacksnerv. Um den winterlichen Genuss perfekt zu machen, gesellt sich ein mediterran inspirierter Brotsalat hinzu. Lieblich-herbe Quitte, goldbraun geröstetes Ciabatta und süße rote Zwiebeln schmecken zusammen einfach umwerfend lecker.

Schweinefilet mit gebackenen Rosmarin-pflaumen, Parmesan-Rucola-Salat und Speckkartoffeln

Ein Klassiker der Winterküche: Zartes Schweinefilet wird an süßen Rosmarin-pflaumen und herzhaften Kartoffeln mit Speck serviert, abgerundet durch knackigen Rucola-Salat.

🕐 Zubereitungszeit: 40 Minuten

Zutaten für 2 Personen:

Basiszutaten: 6 EL Olivenöl, 5 EL dunkler Balsamico-Essig, Salz, Pfeffer, Zucker

25g Parmesan

1 getrocknete Chilischote

2 Zweige Rosmarin

1 Schalotte

8 getrocknete Pflaumen

1 Knoblauchzehe

2 Schweinefilets à 150g

50g Rucola

2 Kartoffeln

50g Speck in Würfeln

1

Den Backofen auf 180 °C Umluft bzw. 200 °C Ober-/Unterhitze vorheizen. Pflaumen halbieren, Knoblauch und Schalotte schälen und fein hacken. Die Rosmarinspitzen beiseitelegen, die Rosmarinnadeln fein hacken. Die Chilischote fein zerbröseln.

2

Pflaumen, Knoblauch, Schalotte und Rosmarin in eine feuerfeste Form geben. Mit 4 EL Balsamico-Essig, 1 EL Olivenöl, 3 TL Zucker sowie ¼ TL Salz vermengen und 25 Minuten im Ofen auf der mittleren Schiene garen. Die Kartoffeln waschen und würfeln.

3

In einer Pfanne 2 EL Olivenöl bei mittlerer Temperatur erhitzen. Die Kartoffeln und die Chilischote darin 20 Minuten goldbraun braten. Mit ¼ TL Salz würzen und gelegentlich wenden.

7

Die Schweinefilets und die Rosmarinpflaumen aus dem Ofen nehmen und 3 Minuten abgedeckt ruhen lassen. Anschließend die Schweinefilets schräg halbieren.

8

In einer Schüssel den Rucola mit 2 EL Olivenöl, 1 EL Balsamico-Essig sowie gehobeltem Parmesan vermengen. Nach Belieben mit Pfeffer würzen.

9

Parmesan-Rucola-Salat und Speckkartoffeln auf Teller geben, die Schweinefilets darauf anrichten und mit gebackenen Pflaumen sowie Rosmarinspitzen garnieren.

4

Währenddessen die Schweinefilets abspülen, trocken tupfen
und jeweils mit ¼ TL Salz und
Pfeffer nach Belieben rundum
würzen.

5

In einer Pfanne 1 EL Olivenöl bei
hoher Temperatur erhitzen und
die Schweinefilets darin 2 Minuten rundum scharf anbraten.
Anschließend zu den Rosmarinpflaumen in die feuerfeste
Form geben und 11 Minuten
mitgaren.

6

Den Speck zu den knusprig
gebratenen Kartoffeln geben,
die Temperatur erhöhen und
2 Minuten weiterbraten. Den
Parmesan mit einem Spar-
schäler hobeln.

An kalten Tagen verwöhnt uns dieser Klassiker der Winterküche und schenkt uns einen gemütlichen kulinarischen Abend.

Zartes Schweinefilet und Bratkartoffeln mit Speck, dazu gebackene Pflaumen mit
würzigem Rosmarin – das klingt nach Wärme an kalten Wintertagen. Wir vereinen
klassische Zutaten und entdecken einen traditionellen winterlichen Genuss neu.
Getrocknete Pflaumen werden in Balsamico-Essig im Ofen gebacken. Auch das
zarte Filet wird im Ofen zu Ende gegart und bleibt so besonders saftig. Die Kartoffeln verfeinern wir mit getrockneter Chilischote und runden das Ensemble mit
einem knackigen Rucola-Salat ab.

Schweinefilet in Erdnuss-Tamarinden-Marinade mit Udon-Nudeln und Zuckerschoten

Mhh, sooo köstlich: Südostasiatische Würze dank Tamarindenpaste und Erdnussbutter, zarter Genuss des Schweinefilets und grüne Frische dank Zuckerschoten, Koriander und Sojasprossen.

🕐 Zubereitungszeit: 40 Minuten

Zutaten für 2 Personen:

Basiszutaten: 5 EL Pflanzenöl, Salz, Zucker

1 Knoblauchzehe

2 TL Tamarinden-konzentrat

1 Peperoni

25g frische Ingwerwurzel

1 Bund Koriander

30g Erdnussbutter

1 Schalotte

2 EL Sojasauce

100g Sojasprossen

2 Schweinefilets à 150g

150g Udon-Nudeln

10 Zucker-schoten

4 Baby-maiskolben

1
Die Peperoni längs halbieren, von Stielansatz sowie Samen befreien und das Fruchtfleisch in feine Streifen schneiden. Den Knoblauch schälen und fein hacken. Die Babymaiskolben in feine Scheiben schneiden.

2
Einige Korianderspitzen zur Dekoration beiseitelegen, die übrigen Spitzen und die Korianderstängel grob hacken. Den Ingwer schälen und fein hacken, die Schalotte schälen und fein würfeln. Die Zuckerschoten schräg halbieren.

3
In einer Schüssel das Tamarindenkonzentrat mit Erdnussbutter, Knoblauch, 4 EL Wasser, 2 EL Zucker sowie 1 TL Salz zu einer Marinade verrühren.

7
Die Udon-Nudeln mit 1 TL Salz in das kochende Wasser geben und ca. 3 Minuten bissfest kochen, anschließend abgießen.

8
Die Udon-Nudeln mit Koriander, Sojasprossen, Sojasauce und 1 EL Pflanzenöl zum angebratenen Gemüse geben und bei mittlerer Temperatur 1 Minute mithraten. Mit ½ TL Salz würzen.

9
Die gebratenen Udon-Nudeln mit dem Gemüse auf Teller geben, das marinierte Schweinefilet dazu anrichten und mit den Korianderspitzen dekorieren.

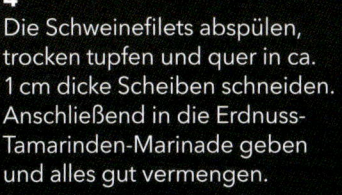

4

Die Schweinefilets abspülen, trocken tupfen und quer in ca. 1 cm dicke Scheiben schneiden. Anschließend in die Erdnuss-Tamarinden-Marinade geben und alles gut vermengen.

5

In einem Topf Wasser für die Udon-Nudeln zum Kochen bringen. In einer Pfanne 2 EL Pflanzenöl bei mittlerer Temperatur erhitzen und Peperoni, Mais, Ingwer, Schalotte und Zuckerschoten darin 4 Minuten braten. Gelegentlich umrühren.

6

In einer weiteren Pfanne 2 EL Pflanzenöl bei hoher Temperatur erhitzen. Die Marinade von den Filets abstreichen und das Fleisch 1 Minute scharf anbraten. Das Fleisch mit übriger Marinade und 3 EL Wasser auf mittlerer Stufe köcheln.

Wer hat noch nicht, wer will noch mal? Von diesem würzigen Schweinefilet können wir nicht genug bekommen.

Wir haben ein neues Lieblingsrezept entdeckt: Das Filet, so wunderbar zart, nimmt den Geschmack von Erdnussbutter, Knoblauch und Tamarindenpaste herrlich auf. Die Paste, säuerlich-herb im Geschmack, stammt von den Samenhülsen des Tamarindenbaums. Der wächst vor allem in Südostasien, wo auch dieses Gericht seine Wurzeln hat. Udon-Nudeln sind fester Bestandteil der japanischen Küche und begleiten unsere Gemüsestars mit viel Geschick.

Koreanische Rippchen in Chilimarinade mit Jasminreis und Sesam-Gurken-Salat

Die Sache ist gerippt: Feurige Marinade aus Sojasauce, Reisessig, koreanischer Chilipaste und Ingwer umgibt zarte Rippchen, frischer Gurkensalat und Jasminreis bringen das Gericht zur Vollendung.

🕐 Zubereitungszeit: 45 Minuten

Zutaten für 2 Personen:

Basiszutaten: 2 EL Pflanzenöl, Salz, Pfeffer, Zucker

30 g koreanische Chilipaste

1 Knoblauchzehe

25 g frische Ingwerwurzel

20 g Honig

4 EL Sojasauce

40 ml Reisessig

1 Frühlings-zwiebel

150 g Jasminreis

1 Schalotte

2 Reihen Schweine-rippchen à 300 g

1 Salatgurke

1 TL schwarzer Sesam

1

Den Backofen auf 170 °C Umluft bzw. 190 °C Ober-/Unterhitze vorheizen. Schalotte und Knoblauch schälen und fein hacken. Den Ingwer schälen und fein reiben.

2

In einer flachen Schüssel drei Viertel der Sojasauce, die Chilipaste, das Pflanzenöl und die Hälfte des Reisessigs zu einer Marinade vermengen. Schalotte, Knoblauch und Ingwer unterrühren. Mit ½ TL Salz, 1 TL Zucker und Pfeffer würzen.

3

Die Rippchen gründlich abspülen, trocken tupfen und jeweils mit ¼ TL Salz sowie Pfeffer nach Belieben rundum würzen. Anschließend in der Marinade wenden, bis das Fleisch rundum bedeckt ist.

7

Den Honig in die übrige Marinade geben und gut vermengen.

8

Die Schweinerippchen aus dem Ofen nehmen und großzügig mit der Honigmarinade bestreichen. Die Ofentemperatur auf 190 °C Umluft bzw. 210 °C Ober-/Unterhitze erhöhen und die Rippchen weitere 10 Minuten im Ofen garen.

9

Währenddessen eine Pfanne bei mittlerer Temperatur erhitzen und den Sesam darin 2 Minuten rösten. Anschließend aus der Pfanne nehmen.

4
Die Rippchen aus der Marinade nehmen, auf ein mit Backpapier belegtes Blech legen und im vorgeheizten Ofen auf der mittleren Schiene 20 Minuten garen. Die übrige Marinade aufbewahren.

5
Währenddessen die Frühlingszwiebel von Wurzeln sowie oberstem Grün befreien und schräg in feine Streifen schneiden. Die Salatgurke längs halbieren, mit einem Löffel von den Kernen befreien und in ca. 0,5 cm dicke Scheiben schneiden.

6
Den Jasminreis mit 250 ml Wasser sowie ¼ TL Salz in einen Topf geben. Den Deckel aufsetzen, alles zum Kochen bringen und bei niedriger Temperatur ca. 12 Minuten köcheln.

10
In einer Schüssel die Gurke mit der übrigen Sojasauce, dem übrigem Reisessig, der Frühlingszwiebel sowie dem gerösteten Sesam vermengen. Mit 2 TL Zucker, ¼ TL Salz und Pfeffer nach Belieben würzen.

11
Die Schweinerippchen aus dem Ofen nehmen, 3 Minuten abgedeckt ruhen lassen und anschließend halbieren.

12
Die koreanischen Rippchen mit Chilimarinade auf Teller geben und Jasminreis sowie Sesam-Gurken-Salat dazu anrichten.

Schweinefilet in Malzbiersauce mit Laugenknödeln und Pak Choi

Es geht zünftig zu: Zartes Filet, sämige Malzbiersauce und der Klassiker der deftigen Küche, der Knödel, versprechen gemeinsam mit dem exotischen Gast Pak Choi einen Ausflug in ländliche Gefilde.

Zubereitungszeit: 40 Minuten

Zutaten für 2 Personen:

Basiszutaten: 4 EL Pflanzenöl, 2 EL Milch, 1 EL Mehl, Salz, Pfeffer

20g Butter

330 ml Malzbier

1 TL Kümmel

1 Ei

2 Schweinefilets à 150g

2 Mini-Pak-Choi

2 Laugenstangen

1 Zwiebel

1

In einem Topf Wasser für die Knödel zum Kochen bringen. Den Backofen auf 140 °C Umluft bzw. 160 °C Ober-/Unterhitze vorheizen. Die Zwiebel schälen und fein hacken. Die Laugenstangen in ca. 1 cm große Würfel schneiden.

2

In einer Pfanne 1 EL Pflanzenöl bei mittlerer Temperatur erhitzen und die Zwiebel darin 2 Minuten goldbraun andünsten.

3

In einer Schüssel Zwiebel, Laugenstangenwürfel, die Milch, die Hälfte der Butter und das Ei gut vermengen. Nach Belieben mit ¼ TL Pfeffer würzen und den Teig ziehen lassen.

7

Währenddessen die Schweinefilets abspülen, trocken tupfen und jeweils mit ½ TL Salz und Pfeffer nach Belieben rundum würzen.

8

In einer ofenfesten Pfanne 2 EL Pflanzenöl bei hoher Temperatur erhitzen und die Schweinefilets darin 2 Minuten rundum scharf anbraten. Anschließend das Fleisch in der Pfanne im vorgeheizten Ofen auf der mittleren Schiene 10 Minuten garen.

9

Die übrige Butter mit dem Mehl vermischen und in das eingekochte Malzbier einrühren. Bei mittlerer Temperatur 3 Minuten köcheln. Mit ½ TL Salz und Pfeffer nach Belieben würzen.

4
In einem Topf das Malzbier zum Kochen bringen. Wenn das Malzbier kocht, den Kümmel hinzufügen. Das Bier bei mittlerer Temperatur 10 Minuten auf ein Viertel der ursprünglichen Menge einkochen.

5
Währenddessen den Pak Choi waschen, vom Stielansatz befreien und in ca. 2 cm große Stücke schneiden. Aus dem Teig vier gleichmäßige Knödel formen.

6
Wenn das Wasser kocht, die Knödel mit 2 TL Salz hineingeben und bei mittlerer Temperatur ca. 15 Minuten ziehen lassen.

10
In einer Pfanne 1 EL Pflanzenöl bei hoher Temperatur erhitzen, den Pak Choi darin 2 Minuten anbraten, dabei häufig wenden. 50 ml Wasser dazugeben und bei mittlerer Temperatur ca. 5 Minuten bissfest garen.

11
Die Schweinefilets aus dem Ofen nehmen und schräg dritteln.

12
Den Pak Choi mittig auf Teller geben. Die Schweinefilets darauf anrichten, die Laugenknödel anlegen und mit der Malzbiersauce begießen.

Spanferkelrücken in einer Amarenakirsch-Reduktion mit Rosmarinkartoffeln

Das ganz besondere Sonntagsessen: In der Reduktion aus Rotwein, Rosmarin und Amarenakirschen zeigt sich das Spanferkel von seiner besten Seite, chili-scharfe Ofenkartoffeln stehen da gerne zur Seite.

🕐 Zubereitungszeit: 40 Minuten

Zutaten für 2 Personen:

Basiszutaten: 6 EL Olivenöl, 50 ml Rotwein, Salz, Pfeffer

1 Knoblauchzehe

60 g Amarena-kirschen

1 getrocknete Chilischote

2 Zweige Rosmarin

1 Schalotte

2 Stücke Spanferkelrücken à 150 g

15 Zuckerschoten

3 Kartoffeln

1

Knoblauch und Schalotte fein hacken. Die Rosmarinnadeln grob hacken, die Zweige aufbewahren. Die Zuckerschoten schräg halbieren. Die Kartoffeln schälen und in ca. 3 cm große Würfel schneiden. Die Chilischote fein zerbröseln.

2

Den Backofen auf 160 °C Umluft bzw. 180 °C Ober-/Unterhitze vorheizen. In einer Pfanne 2 EL Olivenöl bei hoher Temperatur erhitzen und die Kartoffeln darin ca. 5 Minuten rundum goldbraun anbraten. Mit ½ TL Salz und nach Belieben Pfeffer würzen.

3

Die Kartoffelwürfel auf ein mit Backpapier belegtes Blech geben, mit gehacktem Rosmarin sowie der Chilischote bestreuen. Im vorgeheizten Ofen auf der mittleren Schiene 20 Minuten garen.

7

Währenddessen in einer weiteren Pfanne 2 EL Olivenöl bei mittlerer Temperatur erhitzen und Zuckerschoten, Knoblauch sowie die übrige Schalotte 3 Minuten braten. Mit ¼ TL Salz und Pfeffer nach Belieben würzen.

8

Den Spanferkelrücken aus dem Ofen nehmen, 3 Minuten abgedeckt ruhen lassen, das Garn entfernen und das Fleisch schräg halbieren.

9

Die Rosmarinkartoffeln auf Teller geben, den Spanferkelrücken darauf anrichten und mit Zuckerschoten sowie Amarenakirsch-Reduktion garnieren.

4

Den Spanferkelrücken abspülen, trocken tupfen und jeweils mit ¼ TL Salz sowie Pfeffer nach Belieben würzen und ein Stück Küchengarn außen herumbinden. Die Amarenakirschen halbieren, den Sirup aufbewahren.

5

In einer Pfanne 1 EL Olivenöl bei hoher Temperatur erhitzen und den Spanferkelrücken darin auf jeder Seite 1 Minute scharf anbraten. Anschließend zu den Kartoffeln in den Ofen geben und 8 Minuten mitgaren.

6

1 EL Olivenöl bei mittlerer Temperatur erhitzen und die Hälfte der Schalotte 1 Minute anbraten. Mit Amarenakirschen und ihrem Sirup, Rotwein sowie Rosmarinzweigen ca. 3 Minuten dickflüssig einkochen. Mit ¼ TL Salz und Pfeffer würzen.

Ein wunderbar unkompliziertes Rezept mit einem aufregenden Ergebnis und einem umwerfenden Geschmack.

An so einem Sonntag, da kann es gerne auch einmal festlich zugehen. Mit diesem saftigen Spanferkel gelingt das im Handumdrehen. Das schonend zubereitete Schwein fühlt sich in der Reduktion aus Amarenakirschen, Rotwein und Rosmarin richtig wohl. Bei den italienischen Kirschen handelt es sich um eine zuckersüße Köstlichkeit. Frische Sauerkirschen werden in Mandellikör, Vanille und Zucker eingelegt. Hier freuen sie sich auf ihren Auftritt als Begleitung des herzhaften Spanferkelrückens.

Register nach Kapiteln

Geflügel

Orangenhähnchen mit Thymian-Balsamico-Spargel an Pecorino-Kartoffelstampf 10
Hähnchenbrust in chinesischer Hoisin-Sauce mit Litschi und Zitronengras-Shiitake-Spieß 14
Gebratenes Hähnchen in Limetten-Erdnuss-Curry mit Zitronengras und Koriander 18
Toskanisches Hähnchen alla cacciatora mit schwarzen Oliven und Tomaten 23
In Mandel-Curry-Sauce pochierte Hähnchenbrust mit Vichy-Möhren und Polenta 26
Mexikanische Tacos mit Chili-Putenbrust, Granatapfel und Avocadocreme 30
Mit Pistazien gefüllte Perlhuhnbrust auf geschmorten Auberginen, Tomaten und Couscous 35
Mit Honig glasierte Entenbrust auf Beluga-linsen-Süßkartoffel-Salat 38
Knusprige Entenbrust mit frischen Cranberrys, Austernseitlingen und violetten Kartoffeln 42
Gebratene Entenbrust mit Mango-Avocado-Salsa, Limquats und Süßkartoffelchips 46
Geschmorte Entenkeule auf Ofenfenchel mit getrockneten Tomaten und Orangen-Safran-Jus 51

Rind & Kalb

Gebratenes Kalbsfilet mit Spargel, Rhabarber-Confit und Orangenkartoffeln 56
Malabar-Pfeffersteaks mit Erdbeer-Barbecue-Sauce auf Kartoffelstampf mit karamellisierten Zwiebeln 60
Mexikanisches Rinderhüftsteak mit Chili-Honig-Kruste, Rösti und Pico de Gallo 65
Rinderhüftsteak mit Blutorangen-Karamell, Hummus und Pak Choi 68
Gebratenes Rinderfilet mit Guacamole, Zuckerschoten und rotem Orangen-Zwiebel-Jus 72
Rinderhüftsteak mit karamellisierten Balsamico-Feigen und Thymian-Hokkaido-Kürbis 76

Rinderfilet mit Pimientos de Padrón, Salzkrustenkartoffeln und Mojo picón 81
Rinderfilet in Kapernkruste auf Kartoffelstampf und geschmorten Tomaten 84

Lamm & Schwein

Lamm-Kebab mit orientalischem Kichererbsensalat, Joghurtdip und rotem Couscous 90
Mit Aprikose und Salbei gefüllte Lammhüfte auf geschmorten Birnen und Kartoffeln 95
Koreanisches Feuerfleisch mit Lammhüfte, Reisnudeln und süß-scharfem Löwenzahn 98
Lamm-Involtini mit Bärlauchfüllung auf Parmesan-Süßkartoffelstampf 102
Schweinefilet in Jalapeño-Marinade auf Kartoffelspalten mit Erdbeer-Avocado-Salsa 106
Schweinefilet im Kräutermantel mit Apfel-Honig-Linsen 111
Schweinefilet mit Gorgonzola-Walnuss-Kruste auf Quitten-Brot-Salat mit roten Zwiebeln 114
Schweinefilet mit gebackenen Rosmarinpflaumen, Parmesan-Rucola-Salat und Speckkartoffeln 119
Schweinefilet in Erdnuss-Tamarinden-Marinade mit Udon-Nudeln und Zuckerschoten 122
Koreanische Rippchen in Chilimarinade mit Jasminreis und Sesam-Gurken-Salat 126
Schweinefilet in Malzbiersauce mit Laugenknödeln und Pak Choi 131
Spanferkelrücken in einer Amarenakirsch-Reduktion mit Rosmarinkartoffeln 134

Register nach Zutaten

Äpfel
Koreanisches Feuerfleisch mit Lammhüfte,
Reisnudeln und süß-scharfem Löwenzahn 98
Schweinefilet im Kräutermantel mit Apfel-
Honig-Linsen 111

Aprikosen
Mit Aprikose und Salbei gefüllte Lammhüfte
auf geschmorten Birnen und Kartoffeln 95

Aubergine
Mit Pistazien gefüllte Perlhuhnbrust auf
geschmorten Auberginen, Tomaten und
Couscous 35

Avocado
Gebratene Entenbrust mit Mango-Avocado-
Salsa, Limquats und Süßkartoffelchips 46
Gebratenes Rinderfilet mit Guacamole, Zucker-
schoten und rotem Orangen-Zwiebel-Jus 72
Mexikanische Tacos mit Chili-Putenbrust,
Granatapfel und Avocadocreme 30
Schweinefilet in Jalapeño-Marinade auf
Kartoffelspalten mit Erdbeer-Avocado-Salsa 106

Bärlauch
Lamm-Involtini mit Bärlauchfüllung auf
Parmesan-Süßkartoffelstampf 102

Birnen
Lamm-Involtini mit Bärlauchfüllung auf
Parmesan-Süßkartoffelstampf 102
Mit Aprikose und Salbei gefüllte Lammhüfte
auf geschmorten Birnen und Kartoffeln 95

Blutorangen
Rinderhüftsteak mit Blutorangen-Karamell,
Hummus und Pak Choi 68

Bohnen
Lamm-Involtini mit Bärlauchfüllung auf
Parmesan-Süßkartoffelstampf 102
Mexikanisches Rinderhüftsteak mit Chili-
Honig-Kruste, Rösti und Pico de Gallo 65

Brokkoli
Gebratenes Hähnchen in Limetten-Erdnuss-
Curry mit Zitronengras und Koriander 18

Brot
Gebratenes Rinderfilet mit Guacamole,
Zuckerschoten und rotem Orangen-
Zwiebel-Jus 72
Rinderhüftsteak mit Blutorangen-Karamell,
Hummus und Pak Choi 68
Schweinefilet in Malzbiersauce mit Laugen-
knödeln und Pak Choi 131
Schweinefilet mit Gorgonzola-Walnuss-Kruste auf
Quitten-Brot-Salat mit roten Zwiebeln 114

Couscous
Lamm-Kebab mit orientalischem Kichererb-
sensalat, Joghurtdip und rotem
Couscous 90
Mit Pistazien gefüllte Perlhuhnbrust auf
geschmorten Auberginen, Tomaten und
Couscous 35

Cranberrys
Knusprige Entenbrust mit frischen
Cranberrys, Austernseitlingen und
violetten Kartoffeln 42

Erdbeeren
Malabar-Pfeffersteaks mit Erdbeer-Barbecue-
Sauce auf Kartoffelstampf mit karamellisierten
Zwiebeln 60
Schweinefilet in Jalapeño-Marinade auf Kartoffel-
spalten mit Erdbeer-Avocado-Salsa 106

Feigen
Rinderhüftsteak mit karamellisierten Balsamico-
Feigen und Thymian-Hokkaido-Kürbis 76

Feldsalat
Schweinefilet mit Gorgonzola-Walnuss-Kruste auf
Quitten-Brot-Salat mit roten Zwiebeln 114

Fenchel
Geschmorte Entenkeule auf Ofenfenchel
mit getrockneten Tomaten und Orangen-
Safran-Jus 51

Gorgonzola
Schweinefilet mit Gorgonzola-Walnuss-Kruste auf
Quitten-Brot-Salat mit roten Zwiebeln 114

Granatapfel
Mexikanische Tacos mit Chili-Putenbrust,
Granatapfel und Avocadocreme 30

Gurke
Koreanische Rippchen in Chilimarinade mit
Jasminreis und Sesam-Gurken-Salat 126
Malabar-Pfeffersteaks mit Erdbeer-Barbecue-
Sauce auf Kartoffelstampf mit karamellisierten
Zwiebeln 60

Joghurt
Lamm-Kebab mit orientalischem Kichererbsen-
salat, Joghurtdip und rotem Couscous 90
Mexikanisches Rinderhüftsteak mit Chili-
Honig-Kruste, Rösti und Pico de Gallo 65

Kartoffeln
Gebratenes Kalbsfilet mit Spargel, Rhabarber-
Confit und Orangenkartoffeln 56
Geschmorte Entenkeule auf Ofenfenchel
mit getrockneten Tomaten und Orangen-
Safran-Jus 51
Knusprige Entenbrust mit frischen
Cranberrys, Austernseitlingen und
violetten Kartoffeln 42
Malabar-Pfeffersteaks mit Erdbeer-Barbecue-
Sauce auf Kartoffelstampf mit karamellisierten
Zwiebeln 60
Mexikanisches Rinderhüftsteak mit Chili-
Honig-Kruste, Rösti und Pico de Gallo 65
Mit Aprikose und Salbei gefüllte Lammhüfte
auf geschmorten Birnen und Kartoffeln 95
Orangenhähnchen mit Thymian-Balsamico-
Spargel an Pecorino-Kartoffelstampf 10
Rinderfilet in Kapernkruste auf Kartoffelstampf
und geschmorten Tomaten 84
Rinderfilet mit Pimientos de Padrón, Salzkrusten-
kartoffeln und Mojo picón 81
Rinderhüftsteak mit karamellisierten
Balsamico-Feigen und Thymian-
Hokkaido-Kürbis 76
Schweinefilet in Jalapeño-Marinade auf
Kartoffelspalten mit Erdbeer-
Avocado-Salsa 106
Schweinefilet mit gebackenen Rosmarin-
pflaumen, Parmesan-Rucola-Salat und
Speckkartoffeln 119

Spanferkelrücken in einer Amarenakirsch-
Reduktion mit Rosmarinkartoffeln 134
Toskanisches Hähnchen alla cacciatora mit
schwarzen Oliven und Tomaten 23

Kichererbsen
Rinderhüftsteak mit Blutorangen-Karamell,
Hummus und Pak Choi 68
Lamm-Kebab mit orientalischem Kichererbsen-
salat, Joghurtdip und rotem Couscous 90

Kürbis
Rinderhüftsteak mit karamellisierten Balsamico-
Feigen und Thymian-Hokkaido-Kürbis 76

Linsen
Mit Honig glasierte Entenbrust auf Beluga-
linsen-Süßkartoffel-Salat 38
Schweinefilet im Kräutermantel mit Apfel-
Honig-Linsen 111

Limquats
Gebratene Entenbrust mit Mango-Avocado-
Salsa, Limquats und Süßkartoffelchips 46

Löwenzahn
Koreanisches Feuerfleisch mit Lammhüfte,
Reisnudeln und süß-scharfem Löwenzahn 98

Mais
Schweinefilet in Erdnuss-Tamarinden-Marinade
mit Udon-Nudeln und Zuckerschoten 122

Mango
Gebratene Entenbrust mit Mango-Avocado-
Salsa, Limquats und Süßkartoffelchips 46

Möhren
In Mandel-Curry-Sauce pochierte Hähnchenbrust
mit Vichy-Möhren und Polenta 26

Nudeln
Koreanisches Feuerfleisch mit Lammhüfte,
Reisnudeln und süß-scharfem Löwenzahn 98
Schweinefilet in Erdnuss-Tamarinden-Marinade
mit Udon-Nudeln und Zuckerschoten 122

Pak Choi
Rinderhüftsteak mit Blutorangen-Karamell,
Hummus und Pak Choi 68
Schweinefilet in Malzbiersauce mit Laugen-
knödeln und Pak Choi 131

Paprika
Rinderfilet mit Pimientos de Padrón, Salzkrustenkartoffeln und Mojo picón 81

Pflaumen
Schweinefilet mit gebackenen Rosmarin-
pflaumen, Parmesan-Rucola-Salat und
Speckkartoffeln 119

Pilze
Knusprige Entenbrust mit frischen
Cranberrys, Austernseitlingen und
violetten Kartoffeln 42

Polenta
In Mandel-Curry-Sauce pochierte Hähnchenbrust
mit Vichy-Möhren und Polenta 26

Quitte
Schweinefilet mit Gorgonzola-Walnuss-Kruste auf
Quitten-Brot-Salat mit roten Zwiebeln 114

Reis
Gebratenes Hähnchen in Limetten-Erdnuss-Curry
mit Zitronengras und Koriander 18
Hähnchenbrust in chinesischer Hoisin-Sauce mit
Litschi und Zitronengras-Shiitake-Spieß 14
Koreanische Rippchen in Chilimarinade mit
Jasminreis und Sesam-Gurken-Salat 126

Rhabarber
Gebratenes Kalbsfilet mit Spargel, Rhabarber-
Confit und Orangenkartoffeln 56

Rucola
Schweinefilet mit gebackenen Rosmarin-
pflaumen, Parmesan-Rucola-Salat und
Speckkartoffeln 119

Schinken/Speck
Mit Aprikose und Salbei gefüllte Lammhüfte auf
geschmorten Birnen und Kartoffeln 95
Schweinefilet mit gebackenen Rosmarin-
pflaumen, Parmesan-Rucola-Salat und
Speckkartoffeln 119

Sojasprossen
Schweinefilet in Erdnuss-Tamarinden-Marinade
mit Udon-Nudeln und Zuckerschoten 122

Spargel
Orangenhähnchen mit Thymian-Balsamico-
Spargel an Pecorino-Kartoffelstampf 10

Gebratenes Kalbsfilet mit Spargel, Rhabarber-
Confit und Orangenkartoffeln 56

Spinat
Knusprige Entenbrust mit frischen
Cranberrys, Austernseitlingen und
violetten Kartoffeln 42

Süßkartoffeln
Mit Honig glasierte Entenbrust auf Beluga-
linsen-Süßkartoffel-Salat 38
Gebratene Entenbrust mit Mango-Avocado-
Salsa, Limquats und Süßkartoffelchips 46
Lamm-Involtini mit Bärlauchfüllung auf
Parmesan-Süßkartoffelstampf 102

Tacos
Mexikanische Tacos mit Chili-Putenbrust,
Granatapfel und Avocadocreme 30

Tomaten
Geschmorte Entenkeule auf Ofenfenchel
mit getrockneten Tomaten und Orangen-
Safran-Jus 51
Lamm-Kebab mit orientalischem Kicher-
erbsensalat, Joghurtdip und rotem
Couscous 90
Mexikanisches Rinderhüftsteak mit Chili-
Honig-Kruste, Rösti und Pico de Gallo 65
Mit Pistazien gefüllte Perlhuhnbrust auf
geschmorten Auberginen, Tomaten
und Couscous 35
Rinderfilet in Kapernkruste auf Kartoffelstampf
und geschmorten Tomaten 84
Toskanisches Hähnchen alla cacciatora mit
schwarzen Oliven und Tomaten 23

Zuckerschoten
Gebratenes Rinderfilet mit Guacamole,
Zuckerschoten und rotem Orangen-
Zwiebel-Jus 72
Mit Honig glasierte Entenbrust auf Beluga-
linsen-Süßkartoffel-Salat 38
Schweinefilet in Erdnuss-Tamarinden-Marinade
mit Udon-Nudeln und Zuckerschoten 122
Spanferkelrücken in einer Amarenakirsch-
Reduktion mit Rosmarinkartoffeln 134

Berlin

Kochhaus Kreuzberg
Bergmannstraße 94

Kochhaus Prenzlauer Berg
Schönhauser Allee 46

Kochhaus Schöneberg
Akazienstraße 1

Frankfurt am Main

Kochhaus Bockenheim
Leipziger Straße 43

Köln

Kochhaus Sülz
Sülzburgstraße 66

Hamburg

Kochhaus Eimsbüttel
Heußweg 41

Kochhaus Eppendorf
Eppendorfer Landstraße 86

Kochhaus Ottensen
Bahrenfelder Straße 120

Münster

Kochhaus Münster
Windthorststraße 68

Regensburg

Kochhaus Regensburg
Schwarze-Bären-Straße 2

München

Kochhaus Gärtnerplatz
Gärtnerplatz 5

Kochhaus Haidhausen
Weißenburger Straße 26

Kochhaus Schwabing
Hohenzollernstraße 74

(030) 577 089 100

Info@Kochhaus.de
www.Kochhaus.de

Weitere Kochhaus-Kochbücher

Gebündelte Rezeptvielfalt in den Kochhaus-Kochbüchern: In den letzten Jahren sind beim DK Verlag bereits zwei liebevoll gestaltete Kochbücher entstanden, in diesem Jahr gesellt sich erstmals eine dreiteilige Serie hinzu: In den neuen Kochbüchern präsentiert das Kochhaus stolz seine beliebtesten Rezepte in den Kategorien Pasta, Fleisch und Vegetarisch.

Vegetarisch – Unsere besten Rezepte
12,95 €
ISBN: 978-3-8310-3004-0

Pasta – Unsere besten Rezepte
12,95 €
ISBN: 978-3-8310-3003-3

Einfach kochen für Gäste
24,95 €
ISBN: 978-3-8310-2734-7

Einfach schnell genießen
24,95 €
ISBN: 978-3-8310-2583-1

Für das Kochhaus
Rezepte und Fotografie: Kochhaus
Projektleitung: Florian Büttner
Projektbetreuung: Martina Lutz
Foodstyling: Ana Aguilera
Grafik: Marlene Schaefermeyer

Für den DK Verlag
Programmleitung: Monika Schlitzer
Redaktionsleitung: Caren Hummel
Projektbetreuung: Sarah Fischer
Herstellungsleitung: Dorothee Whittaker
Herstellungskoordination: Katharina Dürmeier
Herstellung: Christine Rühmer

ISBN 978-3-8310-3002-6

Repro: Farbsatz, Neuried/München
Druck und Bindung Firmengruppe Appl, aprinta Druck, Wemding

Besuchen Sie uns im Internet
www.dorlingkindersley.de

Hinweis
Die Informationen und Ratschläge in diesem Buch sind von den
Autoren und vom Verlag sorgfältig erwogen und geprüft, dennoch
kann eine Garantie nicht übernommen werden.
Eine Haftung der Autoren bzw. des Verlags und seiner Beauftragten
für Personen-, Sach- und Vermögensschäden ist ausgeschlossen.